OCDE-FAO Perspectivas Agrícolas 2018-2027

El presente trabajo se publica bajo la responsabilidad del Secretario General de la OCDE y el Director General de la FAO. Las opiniones expresadas y los argumentos utilizados en el mismo no reflejan necesariamente el punto de vista oficial de los países miembros de la OCDE o de la FAO.

Tanto este documento como cualquier mapa que se incluya en él se entenderán sin perjuicio respecto al estatus o la soberanía de cualquier territorio, a la delimitación de fronteras y límites internacionales, ni al nombre de cualquier territorio, ciudad o área.

Las denominaciones empleadas en este producto informativo y la forma en que aparecen presentados los datos que contiene no implican, por parte de la Organización de las Naciones Unidas para la Alimentación y la Agricultura (FAO), juicio alguno sobre la condición jurídica o nivel de desarrollo de países, territorios, ciudades o zonas, o de sus autoridades, ni respecto de la delimitación de sus fronteras o límites.

Los nombres de países y territorios que aparecen en esta publicación conjunta siguen la nomenclatura de la FAO.

Por favor, cite esta publicación de la siguiente manera:
OCDE/FAO (2018), *OCDE-FAO Perspectivas Agrícolas 2018-2027*, Publicaciones de la OCDE, París/Organización de las Naciones Unidas para la Alimentación y la Agricultura.
http://dx.doi.org/10.1787/agr_outlook-2018-es

OCDE:
ISBN 978-92-64-30736-0 (edición impresa)
ISBN 978-92-64-30737-7 (PDF)

FAO:
ISBN 978-92-5-130522-5 (edición impresa)

Los datos estadísticos para Israel son proporcionados por y bajo la responsabilidad de las autoridades israelíes competentes. El uso de estos datos por la OCDE es sin perjuicio del estatus de los Altos del Golán, de Jerusalén Este y de los asentamientos israelíes en Cisjordania bajo los términos del derecho internacional.

La posición de las Naciones Unidas sobre la cuestión de Jerusalén se expone en la Resolución 181(II) de la Asamblea General, del 29 de noviembre de 1947, y en resoluciones posteriores de la Asamblea General y del Consejo de Seguridad relativas a esta cuestión.

Créditos de portada: © Concepto original diseñado por Juan Luis Salazar. Adaptación de la OCDE.

Publicado originalmente en 2018 por la Organización para la Cooperación y el Desarrollo Económicos (OCDE) y la Organización de las Naciones Unidas para la Alimentación y la Agricultura (FAO) en inglés con el título: *OECD-FAO Agricultural Outlook 2018-2027* © OCDE/FAO 2018.

La presente traducción al español estuvo a cargo de la Universidad Autónoma Chapingo (UACh). La traducción de los cuadros del Anexo fue preparada por la OCDE. La calidad de la traducción y su correspondencia con la lengua original de la obra son responsabilidad única de los autores de dicha traducción. En caso de discrepancias entre esta traducción al español y la versión original en inglés, solo la versión original se considerará válida.

Coordinación general de la edición 2018 en español por el Centro de la OCDE en México para América Latina
Coordinación de la edición 2018 en español por la UACh: M.C. Ramón Gómez Castillo e Ing. Argelia Guadalupe Maruri Pineda
Revisión técnica por la UACh: Dr. Abel Pérez Zamorano y Dr. Adrián González Estrada
Traducción: Gilda Moreno Manzur
Edición: Ing. Laura Milena Valencia Escobar y Sonia García Baena
Formación y diagramación: M.D.M. Carlos de la Cruz Ramírez

Las erratas de las publicaciones de la OCDE se encuentran en línea en *www.oecd.org/about/publishing/corrigenda.htm*

Prefacio

La Organización para la Cooperación y el Desarrollo Económicos (OCDE) y la Organización de las Naciones Unidas para la Alimentación y la Agricultura (FAO) se han unido este año, el decimocuarto, para preparar el informe OCDE-FAO Perspectivas Agrícolas 2018-2027. El presente informe se enriqueció por nuestra estrecha colaboración con instituciones participantes de los países miembros, organismos especializados en productos básicos y otras organizaciones asociadas, con lo que se ha convertido en un punto de referencia anual que aporta una imagen congruente de las tendencias de la agricultura mundial en el mediano plazo.

Con la recopilación de información sobre las políticas públicas y el mercado basada en datos objetivos y proporcionada por expertos de una amplia gama de países, la OCDE y la FAO apoyan a sus miembros en el afán de lograr sus prioridades globales compartidas. Tal es el caso en particular de los Objetivos de Desarrollo Sostenible (ODS), que se dirigen a poner fin al hambre, lograr la seguridad alimentaria y la mejora de la nutrición y promover la agricultura sostenible para 2030. Nuestro trabajo conjunto para elaborar las proyecciones del mercado agrícola ayuda a identificar y evaluar las oportunidades y las amenazas relacionadas con las metas de los ODS y con los compromisos establecidos en el Acuerdo de París emanado de la Convención Marco de las Naciones Unidas sobre el Cambio Climático 2015. La agricultura no solo contribuye al cambio climático (el sector representa aún más de una quinta parte de todas las emisiones de gases de efecto invernadero), sino también se verá afectada por este. Por consiguiente, es fundamental promover la adaptación de los sectores agrícolas con prácticas sostenibles que pueda mitigar también los efectos del cambio climático.

Asimismo, el comercio agroalimentario mundial será cada vez más importante para garantizar la seguridad alimentaria, sobre todo en las regiones dependientes de las importaciones. Un entorno de política comercial propicio es un requisito decisivo para lograr los ODS y avanzar hacia el cumplimiento del objetivo Hambre cero, en particular en el contexto del cambio climático. A partir de estos esfuerzos, los ministros de agricultura de los países miembros se reunieron en la OCDE en 2016 y aprobaron la Declaración sobre Mejora de Políticas Públicas para Lograr un Sistema Alimentario Mundial Productivo, Sostenible y Resistente, en la cual se otorga una alta prioridad a las políticas que fortalecen a empresas agrícolas y alimentarias competitivas, sostenibles, productivas y resilientes.

La edición de este año de las Perspectivas Agrícolas incluye un capítulo especial sobre Oriente Medio y África del Norte (MENA), región en la que los conflictos y la inestabilidad política han incrementado los problemas de inseguridad alimentaria y malnutrición. La necesidad de la región de superar estos retos con una cantidad limitada de recursos terrestres e hídricos se agravará por el impacto esperado de eventos extremos más frecuentes relacionados con el clima. Es esencial mejorar la resiliencia y la sostenibilidad de los sistemas alimentarios en tiempos de conflicto para valorar los recursos cada vez más frágiles y escasos.

De igual manera, nuestros asociados del G-20 y el G-7 siguen dando prioridad a los temas en materia de seguridad alimentaria y de agricultura en sus programas de políticas públicas. Junto con las Perspectivas Agrícolas, el Sistema de información sobre el mercado agrícola (SIMA) forma parte de nuestras iniciativas generales para brindar información de mercado oportuna a los responsables de formular políticas públicas y a las partes interesadas en todo el mundo. Representa una herramienta imprescindible que aumenta la transparencia y ayuda a prevenir alzas inesperadas de precios mediante la coordinación de medidas de políticas. El SIMA fue auspiciado por el G-20, tiene su sede en la FAO y cuenta con el apoyo de numerosas organizaciones internacionales, entre ellas la OCDE.

Los retos que afrontamos hoy no pueden combatirse de manera aislada. Esperamos que nuestro trabajo conjunto en esta publicación anual siga proporcionando a los gobiernos y a todas las demás partes interesadas la base empírica que necesitan para lograr los ambiciosos e importantes objetivos que debemos alcanzar juntos.

Angel Gurría,
Secretario General
Organización para la Cooperación
y el Desarrollo Económicos

José Graziano da Silva,
Director General
Organización de las Naciones Unidas
para la Alimentación y la Agricultura

Presentación de la edición 2018 en español

Para la Universidad Autónoma Chapingo es una gran responsabilidad presentar la edición de Perspectivas Agrícolas 2018-2017, y lo hace con mucho orgullo y sin duda alguna, ante la profesionalidad con que la elaboran de manera conjunta la Organización para la Cooperación y el Desarrollo Económicos (OCDE) y la Organización de las Naciones Unidas para la Alimentación y la Agricultura (FAO).

La información que se ofrece sobre la producción agrícola mundial permite observar, en general, que el volumen de algunos productos alimentarios aumentará, aunque eso no será garantía de acceso a los mismos para una gran cantidad de seres humanos que aún no han logrado erradicar de sus vidas la presencia del hambre. Este fenómeno no es nuevo, por lo que sigue siendo un reto para todo el planeta lograr mantener la producción suficiente de alimentos en cada país; asimismo, esto deberá acompañarse de esquemas de políticas públicas que permitan asegurar el acceso a los alimentos mediante la creación de empleos que doten de poder adquisitivo a los habitantes de cada país

Tomando como base la información disponible sobre el rendimiento de la producción agrícola, sobre la distribución de alimentos y materias primas generadas en la agricultura y la ganadería por medio de la fuerza del mercado, así como sobre el poder adquisitivo de los consumidores expresado en la fuerza del consumo, cada país debería tratar de aplicar los mecanismos económicos que garanticen a sus productores un ingreso justo por sus esfuerzos, e incluir a los comerciantes y elaboradores de productos agrícolas en un plan de comercialización sin usura de modo que los consumidores puedan estar seguros de tener acceso a los alimentos en la cantidad y calidad necesarias por un precio accesible.

Confiamos en que los países hispanohablantes, con la información aquí vertida, tomen las decisiones más acertadas de acuerdo con sus condiciones sociales, naturales y ambientales; que mediante la pesca, la acuicultura, la agricultura y la ganadería, contribuyan a alcanzar uno de los Objetivos de Desarrollo Sostenible, cuyo propósito es poner fin al hambre, lograr la seguridad alimentaria y la mejora de la nutrición y promover la agricultura sostenible; y, por último, que esta actividad económica primaria sostenible tenga siempre como eje central de todas sus acciones el bienestar del ser humano.

Dr. José Sergio Barrales Domínguez

Rector

Universidad Autónoma Chapingo

Agradecimientos

Perspectivas Agrícolas 2018-2027 es un trabajo conjunto de la Organización para la Cooperación y el Desarrollo Económicos (OCDE) y la Organización de las Naciones Unidas para la Alimentación y la Agricultura (FAO). Reúne los conocimientos especializados de ambas organizaciones sobre productos básicos, políticas y países, así como las aportaciones de los países miembros colaboradores, con el objetivo de proporcionar una evaluación anual de las perspectivas de los mercados de productos básicos agrícolas nacionales, regionales y mundiales en la próxima década. La proyección base no constituye un pronóstico, sino un escenario factible basado en supuestos específicos respecto a las condiciones macroeconómicas, los entornos de políticas agrícolas y comerciales, las condiciones climáticas, las tendencias de productividad de largo plazo y los avances en el mercado internacional.

El informe *Perspectivas Agrícolas* es un trabajo conjunto de los Secretariados de la OCDE y de la FAO.

En la OCDE, las proyecciones base y el informe de las *Perspectivas* estuvieron a cargo de los miembros de la Dirección de Comercio y Agricultura: Marcel Adenäuer, Jonathan Brooks (jefe de la División), Koen Deconinck, Annelies Deuss, Armelle Elasri (coordinador de publicaciones), Gen Furuhashi, Hubertus Gay (coordinador de las *Perspectivas*), Céline Giner, Gaëlle Gouarin, Claude Nenert, Arnaud Pincet y Grégoire Tallard, de la División de Comercio y Mercados de Agroalimentos, y en el tema de pescado y mariscos, de James Innes, de la División de Políticas de Recursos Naturales. Michael Ryan proporcionó información para el recuadro sobre resistencia antimicrobiana. El Secretariado de la OCDE agradece la colaboración de los expertos invitados Joanna Hitchner (Departamento de Agricultura de los Estados Unidos), Roel Jongeneel (Wageningen Economic Research, de los Países Bajos) y Yu Wen (Academia China de Ciencias Agrícolas). El modelaje estocástico parcial se basa en el trabajo de la Unidad de Economía Agrícola del Centro de Investigación Conjunta de la Comisión Europea, en particular de Sergio René Araujo Enciso, Simone Pieralli, Thomas Chatzopoulos e Ignacio Pérez Domínguez. La organización de reuniones y la preparación de la publicación estuvieron a cargo de Helen Maguire y Michèle Patterson. Eric Espinasse y Frano Ilicic ofrecieron asistencia técnica en la preparación de las bases de datos de las *Perspectivas*. Muchos otros colegas del Secretariado de la OCDE y delegaciones de los países miembros aportaron valiosos comentarios sobre los primeros borradores del informe.

En la FAO, las proyecciones de referencia y el informe de las *Proyecciones* fueron preparados por miembros de la División de Comercio y Mercados (EST), bajo la supervisión de Boubaker Ben-Belhassen (director de la EST) y Josef Schmidhuber (director adjunto de la EST), y con la orientación general de Kostas Stamoulis (director general adjunto del Departamento de Desarrollo Económico y Social) y el equipo directivo del Departamento de Desarrollo Económico y Social. El principal equipo de las proyecciones estuvo conformado por Katia Covarrubias, Fabio De Cagno, Sergio René Araujo Enciso, Emily Carroll, Gloria Cicerone, Holger Matthey (líder del equipo) y Javier Sanchez Alvarez. En el tema de pescado y mariscos, el equipo estuvo conformado por Stefania Vannuccini, del Departamento de

Pesca y Acuicultura de la FAO, con el apoyo técnico de Pierre Charlebois. Enrico Bachis, de la Organización de Ingredientes Marinos (IFFO), brindó asesoría en los temas de la harina y el aceite de pescado. El conocimiento experto sobre productos básicos fue proporcionado por Abdolreza Abbassian, ElMamoun Amrouk, Stanislaw Czaplicki Cabezas, Paulo Augusto Lourenço Dias Nunes, Erica Doro, Alice Fortuna, Jean Luc Mastaki Namegabe, Shirley Mustafa, Adam Prakash, Peter Thoenes, G. A. Upali Wickramasinghe y Di Yang. Sabine Altendorf, Tracy Davids, Allan Hruska, Jonathan Pound y Monika Tothova colaboraron con temas especiales y la información de los recuadros. Agradecemos la experta colaboración de Tracy Davids, del Buró de Políticas Alimentarias y Agrícolas de la Universidad de Pretoria. David Bedford, Julie Claro, Yanyun Li, Emanuele Marocco y Marco Milo brindaron asistencia en la investigación y preparación de las bases de datos. La presente edición también recibió valiosos comentarios de otros colegas de la FAO y de instituciones de los países miembros. Araceli Cardenas, Yongdong Fu, Jessica Mathewson, Raffaella Rucci y Juan Luis Salazar brindaron asistencia invaluable en las áreas de publicación y comunicación.

El Capítulo 2 de las *Perspectivas*, "La región de Oriente Medio y África del Norte: perspectivas y retos", fue preparado por los Secretariados de la FAO y de la OCDE. La elaboración fue dirigida por David Sedik con apoyo general de la Oficina Regional de la FAO para el Cercano Oriente y África del Norte, bajo el liderazgo de Abdessalam Ould Ahmed (director general adjunto y representante regional). Las proyecciones y análisis regionales fueron realizados por analistas del Buró de Políticas Alimentarias y Agrícolas de la Universidad de Pretoria, encabezados por el profesor Ferdinand Meyer.

Por último, se agradece la información y la retroalimentación proporcionadas por el Comité Consultivo Internacional del Algodón, la Federación Internacional de Productos Lácteos, la Asociación Internacional de Fertilizantes, el Consejo Internacional de Cereales, la Organización Internacional del Azúcar, la Organización de Ingredientes Marinos (IFFO) y la Asociación Mundial de Productores de Caña y Remolacha Azucarera.

Las *Perspectivas Agrícolas* completas, incluidos los datos históricos y las proyecciones, están disponibles en la página web conjunta de la OCDE y la FAO: *www.agri-outlook.org*. El informe publicado *Perspectivas Agrícolas 2018-2027* está disponible en la biblioteca digital de la OCDE.

Índice

Lista de abreviaturas, acrónimos y siglas 13

Resumen ejecutivo 17

Capítulo 1. Panorama general de OCDE-FAO Perspectivas Agrícolas 2018-2027

Introducción 22
Consumo 25
Producción 40
Comercio 49
Precios 55
Riesgos e incertidumbres 60
Principales aspectos de las proyecciones de los productos básicos 66
Bibliografía 72

Capítulo 2. La región de Oriente Medio y África del Norte: perspectivas y retos

Introducción 74
El contexto 74
Uso agrícola de los recursos naturales en la región de MENA 76
Estructura y desempeño de la agricultura, pesca y acuicultura en Oriente Medio y África del Norte 82
Perspectivas de mediano plazo 94
Riesgos e incertidumbres 104
Conclusiones 107
Notas 108
Bibliografía 109

Información detallada sobre los capítulos de los productos básicos, el Glosario, la Metodología y el Anexo estadístico se encuentran disponibles en línea en el sitio:
http://dx.doi.org/10.1787/agr_outlook-2018-es.

Cuadros

1.1. Disponibilidad de calorías per cápita para el maíz en comparación con otros productos alimentarios 29
2.1. Indicadores contextuales de los países de la región de Oriente Medio y África del Norte, 2014 75
2.2. Valor de la producción bruta por hectárea de tierra agrícola (precios constantes 2004-2006 en miles de dólares internacionales por año) 78
2.3. Rendimiento promedio de naranja, tomate, trigo y semillas oleaginosas, por región, 2010-2016 (toneladas por hectárea) 78
2.4. El mundo y la región de MENA: crecimiento anual promedio de la producción, rendimiento y superficie de naranja, tomate, trigo y semillas oleaginosas, 1971-2016 (%) 79
2.5. Productividad promedio del agua para productos agrícolas seleccionados de la región de MENA 81
2.6. Impacto del cambio climático en los sistemas agrícolas en la región de MENA 82
2.7. Coeficientes de autosuficiencia alimentaria en los países de MENA, promedio, 2011-2013 (%) 89
2.8. Participación de las importaciones agrícolas en las exportaciones de mercancías, 2011-2013 (%) 90
2.9. Coeficientes de ventaja comparativa revelada de países seleccionados de la región de MENA 90
2.10. Prevalencia de la subalimentación en zonas con y sin conflictos en la región de MENA, de 1999-2001 a 2014-2016 91

Figuras

1.1. Condiciones actuales del mercado de los principales productos básicos 23
1.2. Crecimiento anual de la demanda de los principales grupos de productos básicos, 2008-2017 y 2018-2027 26
1.3. Contribuciones regionales al crecimiento de la demanda de alimentos, 2008-2017 y 2018-2027 27
1.4. Crecimiento de la población mundial, 1998-2027 27
1.5. Cereales: disponibilidad para consumo alimentario 28
1.6. Carne y pescado: disponibilidad per cápita para consumo alimentario 30
1.7. Consumo mundial de lácteos (en sólidos lácteos), 2008-2027 32
1.8. Consumo alimentario de azúcar 33
1.9. Consumo alimentario de aceite vegetal 34
1.10. Fuentes de calorías y proteínas en los países menos adelantados 35
1.11. Demanda de forraje 37
1.12. Biocombustibles y demanda de materias primas, 2000-2027 38
1.13. Demanda mundial de cereales, 2008-2027 39
1.14. Uso de la tierra en la agricultura mundial, 2015-2017 y 2027 40
1.15. Tierra de pastura y producción de carne de rumiante por región 41
1.16. Tendencias en tierra de cultivo y rendimiento de maíz y soya 42
1.17. Tendencias regionales en la producción 43
1.18. Balanzas comerciales agrícolas por región, en valor constante, 1990-2027 49
1.19. Participación de Ucrania y la Federación de Rusia en la exportación mundial de maíz y trigo 50

1.20. Crecimiento de volúmenes de comercio, por producto básico 51
1.21. Proporción de la producción comercializada 52
1.22. Cuotas de exportación de los cinco principales exportadores en 2027, por producto básico 53
1.23. Cuotas de importación de los cinco principales importadores en 2027, por producto básico 54
1.24. Evolución de mediano plazo de los precios de los productos básicos, en términos reales 55
1.25. Cambio anual promedio de los precios reales de los productos básicos agrícolas, 2018-2027 56
1.26. Evolución de los precios reales de algunos productos básicos 57
1.27. Evolución prevista del índice de precios de los alimentos de la FAO 59
1.28. Maíz: coeficiente de variación en 2027 62
1.29. Tasas de crecimiento del PIB en la OCDE y algunos países en desarrollo 69
2.1. Índice de adecuación para el cultivo de África del Norte y Asia Occidental (clase) en cereales de secano de bajos insumos, 1961-1990 76
2.2. Rendimiento promedio del trigo en la región de MENA, por país, 2010-2016 79
2.3. Recursos hídricos renovables anuales per cápita, 2014 80
2.4. Distribución de tamaño de las granjas en países de MENA seleccionados, 1996-2003 83
2.5. Concentración de tierra agrícola en las granjas: la región de MENA desde una perspectiva comparativa 83
2.6. Superficie cultivada de la región de MENA, porcentaje por tipo de producto, 1961-2016 85
2.7. Proporción de superficie cultivada en la región de MENA, por país y tipo de producto, 2016 (%) 85
2.8. Valor de la producción agrícola de la región de MENA, por tipo de producto, 1961-2014 (%) 86
2.9. Valor de la producción agrícola de la región de MENA, por país y por tipo de producto, 2014 86
2.10. Producción interna y consumo de productos básicos selectos en la región de MENA, 1961-2013 88
2.11. Crecimiento del PIB per cápita pasado y previsto en Oriente Medio y África del Norte 95
2.12. El crecimiento demográfico se desacelerará en toda la región, aunque en forma desigual 96
2.13. Disponibilidad de calorías provenientes de varias fuentes 97
2.14. El trigo se mantiene como el cereal más importante de la región 97
2.15. El porcentaje de proteína animal en la dieta de la región de MENA va en aumento 98
2.16. El valor neto de la producción agrícola aumentará con mayor fuerza 101
2.17. Cambios en las principales actividades de producción de la región de MENA 101
2.18. Aumento de las importaciones netas de todos los productos básicos y en todas las regiones 103
2.19. Alta dependencia de los mercados extranjeros para obtener productos alimentarios básicos 104
2.20. Impacto del aumento de los precios del petróleo en los precios del consumo y comercio de alimentos 106

Siga las publicaciones de la OCDE en:

 *http://twitter.com/OECD_Pubs*

 *http://www.facebook.com/OECDPublications*

 *http://www.linkedin.com/groups/OECD-Publications-4645871*

 *http://www.youtube.com/oecdilibrary*

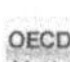 *http://www.oecd.org/oecddirect/*

Este libro contiene...

StatLinks
¡Un servicio que transfiere ficheros Excel®
utilizados en los cuadros y gráficos!

Busque el logotipo *StatLinks* en la parte inferior de los cuadros y gráficos de esta publicación. Para descargar la correspondiente hoja de cálculo Excel®, solo tiene que introducir el enlace en la barra de direcciones de su navegador incluyendo primero el prefijo *http://dx.doi.org* o bien haga clic en el enlace de la versión electrónica.

Siga a la FAO en:

Organización de las Naciones Unidas para la Alimentación y la Agricultura

 *www.twitter.com/FAOstatistics*
www.twitter.com/FAOnews

 *www.facebook.com/UNFAO*

 *www.linkedin.com/company/fao*
#AgOutlook

www.youtube.com/user/FAOVideo

Lista de abreviaturas, acrónimos y siglas

ACP	Países africanos, del Caribe y del Pacífico
ACR	acuerdos comerciales regionales
AECG	Acuerdo Económico y Comercial Global
AIE	Agencia Internacional de Energía
AIIF	Asociación Internacional de la Industria de los Fertilizantes
AMF	Acuerdo multifibras
ARC	Cobertura de Riesgo Agrícola (Instrumento de la Ley Agrícola de EUA)
ASEAN	Asociación de Naciones del Asia Sudoriental
ASS	África subsahariana
BM	Banco Mundial
BRIC	Economías emergentes de Brasil, Federación de Rusia, India y China
BRICS	Economías emergentes de Brasil, Federación de Rusia, India, China y Sudáfrica
BRIICS	Economías emergentes de Brasil, Federación de Rusia, India, Indonesia, China y Sudáfrica
CAOI	Comisión del Atún para el Océano Índico
c.i.f.	costo, seguro y flete
c.w.e.	equivalente de peso en canal
CCG	Consejo de Cooperación del Golfo
CEI	Comunidad de Estados Independientes
CESPAO	Comisión Económica y Social para Asia Occidental
CFP	Política Pesquera Común (UE)
CFS	Norma Canadiense de Combustibles Limpios
CGV	cadenas globales de valor
ChAFTA	Tratado de Libre Comercio China-Australia
CIC	Consejo Internacional de Cereales
CMNUCC	Convención Marco de las Naciones Unidas sobre el Cambio Climático
COREPESCA	Comisión Regional de Pesca
CPTPP	Tratado Integral y Progresista de Asociación Transpacífico
CRP	Programa de Reserva de Conservación (EUA)
CSF	Peste porcina clásica
CTP	captura total permisible
cts/lb	centavos por libra
CV	coeficiente de variación
CVD	derecho compensatorio
DDG	granos secos de destilería
DPIB	Deflactor del Producto Interno Bruto
dw	peso en seco
dwt	peso de la canal preparada
EBA	Iniciativa Todo Menos Armas (UE)
El Niño	Condición climática asociada con la temperatura de las principales corrientes marinas
ENT	enfermedades no transmisibles

EPA	Acuerdos de Asociación Económica
EPA	Agencia de protección ambiental (EUA)
est	estimación
EUA	Estados Unidos de América
f.o.b.	franco a bordo (precio de exportación)
FAO	Organización de las Naciones Unidas para la Alimentación y la agricultura
FFP	Programa de Flexibilidad con Materia Prima
FIDA	Fondo Internacional de Desarrollo Agrícola
FMD	fiebre aftosa
FMI	Fondo Monetario Internacional
G-20	Grupo de 20 países desarrollados y en desarrollo importantes (véase el Glosario)
GATT	Acuerdo General sobre Aranceles Aduaneros y Comercio
GCC	Consejo de Cooperación para los Estados Árabes del Golfo
GEI	emisiones de gases de efecto invernadero
GM	genéticamente modificado
ha	hectárea
HFCS	jarabe de glucosa rico en fructosa
hl	hectolitro
I+D	investigación y desarrollo
IA	Influenza aviar
IED	Inversión extranjera directa
IFPRI	Instituto Internacional de Investigación sobre Políticas Alimentarias
ILUC	cambio indirecto del uso de la tierra
INSII	Red Internacional de Instituciones de Información del Suelo
IPAC	Índice de Precios de Alimentos al Consumidor
IPC	índice de precios al consumidor
IPCC	Grupo Intergubernamental de Expertos sobre el Cambio Climático
IPIB	Índice del Producto Interno Bruto
IPP	Índice de Precios del Productor
kg	kilogramo
kha	mil hectáreas
kt	mil toneladas
La Niña	Fenómeno climático que forma parte de El Niño-Oscilación Sur (véase el Glosario)
lb	libra (peso)
LDP	leche descremada en polvo
LED	Diodo emisor de luz
LEP	leche entera en polvo
Ley EISA	Ley de Independencia y Seguridad Energéticas de 2007 (EUA)
lw	peso vivo
MBM	harina de carne y de huesos
MCO	mínimos cuadrados ordinarios
MENA	Oriente Medio y África del Norte
MERCOSUR	Mercado Común del Sur

Mha	millón de hectáreas
Ml	millón de litros
Mm	mil millones
Mmha	miles de millones de hectáreas
Mml	miles de millones de litros
Mmt	miles de millones de toneladas
Mn	millón
MSF	Acuerdo sobre la Aplicación de Medidas Sanitarias y Fitosanitarias
Mt	millón de toneladas
OCDE	Organización para la Cooperación y el Desarrollo Económicos
ODM	Objetivos de Desarrollo del Milenio
ODS	Objetivos de Desarrollo Sostenible
OIE	Organización Mundial de Sanidad Animal
OMC	Organización Mundial del Comercio
OMS	Organización Mundial de la Salud
ONU	Organización de las Naciones Unidas
OMG	organismos modificados genéticamente
OPEP	Organización de Países Exportadores de Petróleo
OROP	Organizaciones Regionales de Ordenación Pesquera
PAC	Política Agrícola Común (UE)
PCE	gasto de consumo privado
PEDv	virus de la diarrea epidémica porcina
PEID	pequeños Estados insulares en desarrollo
Pesca INDNR	pesca ilegal, no declarada y no reglamentada
PIB	producto interno bruto
PLC	Cobertura por Disminución de Precio (Instrumento de la Ley Agrícola de EUA)
PLF	productos lácteos frescos
PMA	países menos adelantados
PMA	Programa Mundial de Alimentos
PNUD	Programa de las Naciones Unidas para el Desarrollo
PNUMA	Programa de las Naciones Unidas para el Medio Ambiente
PoU	prevalencia de la subalimentación
PPA	peste porcina africana
PPC	Paridad del Poder de Compra
PRRS	Síndrome disgenésico y respiratorio del cerdo
PSE	Estimado de Apoyo al Productor
PTF	productividad total de los factores
p.w.	peso del producto
RAM	Resistencia a los antimicrobianos
RED	Directiva de Energías Renovables (UE)
RFS/RFS2	Norma estadounidense para los Combustibles Renovables, que forma parte de la Ley de Independencia y Seguridad Energéticas (EISA)
RIN	Números de Identificación Renovables
r.s.e.	equivalente en azúcar sin refinar

r.t.c.	listo para cocinarse
r.w.e.	equivalente en peso al menudeo
SFP	Régimen de Pago Único por Explotación Agrícola (UE)
SIE	Servicio de Investigación Económica del USDA
SIMA	Sistema de información sobre el mercado agrícola
SMIA	Sistema mundial de información y alerta sobre la alimentación y la agricultura
SPS	régimen de pago único (UE)
SSG	salvaguardas especiales
t	tonelada
t/ha	tonelada por hectárea
TLC	Tratado de Libre Comercio
TLCAN	Tratado de Libre Comercio de América del Norte
TNA	tasa nominal de asistencia
TPP	Acuerdo de Asociación Transpacífico
tq	en bruto (azúcar)
TRQ	cuota arancelaria
UAE	uso adicional de etanol
UE	Unión Europea
UE15	15 países miembros que conformaron la Unión Europea antes de 2004
UE28	28 países miembros de la Unión Europea
UNICEF	Fondo de las Naciones Unidas para la Infancia
UNCTAD	Conferencia de las Naciones Unidas sobre Comercio y Desarrollo
URAA	Acuerdo sobre Agricultura de la Ronda Uruguay
USDA	Departamento de Agricultura de los Estados Unidos
VCF	vehículos de combustible flexible
VIFEP	Instituto de Pesca y Planificación Económica de Vietnam
XRCA	Índice Balassa de Ventaja Comparativa Revelada de las Exportaciones
WITS	Solución Comercial Integrada Mundial
w.s.e.	Equivalente de azúcar refinada
WWF	Fondo Mundial para la Naturaleza

Tipos de cambio

ARS	Peso argentino	KRW	Won coreano
AUD	Dólar australiano	MXN	Peso mexicano
BDT	Taka de Bangladesh	MYR	Ringgit malasio
BRL	Real brasileño	NZD	Dólar neozelandés
CAD	Dólar canadiense	PKR	Rupia pakistaní
CLP	Peso chileno	RUB	Rublo ruso
CNY	Yuan chino	SAR	Riyal saudí
DZD	Dinar argelino	THB	Baht thailandés
EGP	Libra egipcia	TRL	Lira turca
EUR	Euro	UAH	Grivna ucraniana
IDR	Rupia de Indonesia	USD	Dólar estadounidense
INR	Rupia india	UYU	Peso uruguayo
JPY	Yen japonés	ZAR	Rand sudafricano

Resumen ejecutivo

Perspectivas Agrícolas 2018-2027 es un trabajo de colaboración entre la OCDE y la FAO, elaborado con la contribución de expertos de los gobiernos de sus países miembros y de organizaciones especializadas en productos básicos. Proporcionan una evaluación consensuada de las perspectivas a 10 años para los mercados de productos básicos agrícolas y pesqueros a escala nacional, regional y mundial. La edición de este año contiene un capítulo especial sobre las perspectivas y los retos de la agricultura y la pesca en la región de Oriente Medio y África del Norte.

Una década después del brusco aumento de los precios de los alimentos de 2007-2008, las condiciones en los mercados agrícolas mundiales son ahora muy distintas. La producción ha aumentado con fuerza en todos los productos básicos y en 2017 alcanzó niveles sin precedentes para la mayoría de los cereales, tipos de carne, productos lácteos y pescados, mientras que las reservas de cereales alcanzaron máximos históricos. Al mismo tiempo, el crecimiento de la demanda comenzó a disminuir. Gran parte del impulso a la demanda durante la última década se debió al aumento de los ingresos per cápita en la República Popular China (en adelante, China), que estimuló la demanda de carne, pescado y forraje de ese país. Dicha fuente de crecimiento de la demanda se está desacelerando, pero las nuevas fuentes de demanda en el mundo no son suficientes para mantener el crecimiento general. En consecuencia, se espera que los precios de los productos básicos agrícolas se mantengan bajos. Asimismo, debido a los altos niveles de reservas de la actualidad, es poco probable que haya un repunte en los próximos años.

Se espera que el debilitamiento del crecimiento de la demanda persista durante la próxima década. La población será el principal impulsor del crecimiento del consumo para la mayoría de los productos básicos, aunque se prevé que la tasa de crecimiento demográfico bajará. Además, se espera que el consumo per cápita de muchos productos básicos permanezca estable en el ámbito mundial. Esto es notable para alimentos básicos como cereales y raíces y tubérculos, cuyos niveles de consumo se acercan a la saturación en muchos países. En cambio, el crecimiento de la demanda de productos cárnicos se está desacelerando debido a la variación regional en las preferencias y las limitaciones de la renta disponible; por su parte, la demanda de productos de origen animal, como los lácteos, aumentará con más rapidez en la próxima década.

En el caso de los cereales y las semillas oleaginosas, la fuente más importante de crecimiento de la demanda serán los forrajes, seguidos de cerca por los alimentos. Una gran parte de la demanda adicional de forrajes seguirá proviniendo de China. No obstante, se prevé que el crecimiento de la demanda de forrajes se desacelerará en todo el mundo, pese a la intensificación de la producción ganadera. Gran parte de la demanda adicional de alimentos provendrá de regiones con un alto crecimiento demográfico, como África subsahariana, India, y la región de Oriente Medio y África del Norte.

Se espera que la demanda de cereales, aceites vegetales y caña de azúcar como insumos para la producción de biocombustibles crezca de manera mucho más moderada que en la década pasada. Mientras que en los 10 últimos años el aumento de los biocombustibles generó una demanda adicional de cereales de más de 120 millones de toneladas (Mt), sobre todo maíz, durante el periodo de las perspectivas se espera que este crecimiento sea prácticamente nulo. En los países desarrollados, es poco probable que las políticas vigentes impulsen un crecimiento mucho mayor. Por consiguiente, el incremento de la demanda futura provendrá en su mayoría de los países en desarrollo, varios de los cuales han introducido políticas que favorecen el uso de los biocombustibles.

Las excepciones al patrón general de un crecimiento desacelerado de la demanda per cápita provienen del azúcar y los aceites vegetales. Se prevé que la ingesta per cápita de estos dos productos aumentará en el mundo en desarrollo, pues la urbanización que tiene lugar en estos países genera una mayor demanda de alimentos procesados y de fácil preparación. Los cambios en los niveles de consumo de alimentos y la composición de las dietas harán que la "triple carga" de la subalimentación, la sobrealimentación y la malnutrición persista en los países en desarrollo.

Se prevé que la producción agrícola y pesquera mundial aumentará cerca de 20% durante la próxima década, pero con variaciones considerables entre una región y otra. Se espera un fuerte crecimiento en África subsahariana, el Sudeste asiático y Asia Oriental, y la región de Oriente Medio y África del Norte. En cambio, se prevé que el crecimiento de la producción en el mundo desarrollado será mucho menor, especialmente en Europa Occidental. El crecimiento de la producción se alcanzará sobre todo a partir de la intensificación y el aumento de la eficiencia y, en parte, a la ampliación de la base de producción debido al aumento de los hatos y la conversión de la tierra para pastizales en tierra de cultivo.

Con la ralentización del crecimiento del consumo y de la producción, se estima que el comercio agrícola y pesquero aumentará cerca de la mitad de la tasa registrada en la década anterior. Tenderán a elevarse las exportaciones netas de países y regiones que disponen de abundantes tierras, en particular en América. En los países con densidades elevadas de población o alto crecimiento demográfico, en particular en el Oriente Medio y África del Norte, África subsahariana y Asia, aumentarán las importaciones netas.

Se prevé que las exportaciones de casi todos los productos agrícolas seguirán concentradas entre grupos estables de los principales países proveedores. Un cambio notable es la presencia emergente de la Federación de Rusia y Ucrania en los mercados mundiales de cereales, que se espera que persista. La alta concentración de los mercados de exportación puede hacer que aumente la susceptibilidad de los mercados mundiales a las perturbaciones de la oferta, derivados de factores naturales y de políticas públicas.

Como proyección de referencia, en las *Perspectivas Agrícolas 2018-2027* se parte del supuesto de que las políticas actualmente vigentes se mantendrán en el futuro. Más allá de los riesgos tradicionales que afectan a los mercados agrícolas, existe una creciente incertidumbre acerca de las políticas de comercio agrícola e inquietudes sobre la posibilidad de que se incrementen las medidas proteccionistas en el mundo. El comercio agrícola desempeña un papel importante para garantizar la seguridad alimentaria y destaca la necesidad de contar con un entorno propicio para la política comercial.

Oriente Medio y África del Norte

El capítulo especial de este año se centra en la región de Oriente Medio y África del Norte (MENA), donde la creciente demanda de alimentos y el carácter limitado de los recursos de tierra y agua generan una dependencia cada vez mayor de las importaciones de productos alimentarios básicos. Muchos países gastan una gran parte de sus ingresos provenientes de las exportaciones en la importación de alimentos. La seguridad alimentaria se ve amenazada por los conflictos y la inestabilidad política.

Se prevé que la producción agrícola y pesquera de la región aumentará cerca de 1.5% anual, sobre todo gracias a las mejoras en la productividad. Las políticas regionales respaldan la producción y el consumo de cereales, llevando a que 65% de las tierras cultivadas se siembren con cereales que requieren mucha agua para cultivar, en particular el trigo, que representa una gran parte de la ingesta de calorías. Se prevé que las dietas se mantendrán altas en cereales y azúcar, con una baja ingesta de proteínas de origen animal.

Un enfoque alternativo de la seguridad alimentaria reorientaría las políticas públicas, pasando del apoyo a los cereales hacia el desarrollo rural, la reducción de la pobreza y el apoyo a la producción de productos hortícolas, que aportan mayor valor. Un cambio de este tipo también contribuiría a diversificar las dietas y hacerlas más saludables.

Capítulo 1

Panorama general de OCDE-FAO *Perspectivas Agrícolas* 2018-2027

En este capítulo se ofrece una visión general del conjunto más reciente de proyecciones cuantitativas de mediano plazo para los mercados agrícolas mundiales y nacionales. Las proyecciones abarcan el consumo, la producción, las existencias, el comercio y los precios de 25 productos agrícolas para el periodo 2018-2027. Se espera que en la próxima década persista el débil crecimiento de la demanda. La población será el principal factor que impulse el aumento del consumo de la mayoría de los productos básicos, aunque se prevé que el crecimiento demográfico se reducirá. Se espera que el consumo per cápita de muchos productos básicos se mantenga estable en todo el mundo. Por consiguiente, se prevé que el incremento más lento de la demanda de productos básicos agrícolas convergerá con ganancias en eficiencia de la producción, con lo cual los precios agrícolas reales permanecerán relativamente sin cambio. Más allá de los riesgos tradicionales que afectan los mercados agrícolas, existen crecientes incertidumbres respecto de las políticas de comercio agrícola e inquietudes acerca de la posibilidad de que aumente el proteccionismo a nivel mundial.

Introducción

En *Perspectivas Agrícolas* se presenta un escenario de referencia de la evolución de los mercados de productos agrícolas y pesqueros básicos en los niveles nacional, regional y mundial durante la próxima década (2018-2027). Las proyecciones se basan en la contribución de expertos de los países y en productos básicos, así como en el modelo Aglink-Cosimo OCDE-FAO de los mercados agrícolas mundiales. Este modelo económico se utiliza también para garantizar la uniformidad de las proyecciones base.

Las proyecciones parten tanto de las condiciones actuales del mercado como de supuestos respecto al entorno macroeconómico, demográfico y político. Dichos supuestos se presentan en detalle al final de este capítulo (Recuadro 1.6), así como en los capítulos dedicados a los productos básicos. Más adelante, también en este capítulo, se analiza la sensibilidad de las *Perspectivas* a estos supuestos.

Para la próxima década se espera un crecimiento económico de 1.8% anual en los países de la OCDE, más o menos igual al registrado durante la década pasada (1.7% anual). Se prevé que, en comparación con la década anterior, en la República Popular China (en adelante, China) el crecimiento se desacelerará, en tanto que en India ocurrirá lo contrario. Después del fuerte incremento experimentado en 2017, se espera que los precios nominales del petróleo aumenten a una tasa promedio de 1.8% por año durante el periodo de las perspectivas, de un precio promedio de USD 43.7 por barril en 2016 a USD 76.1 por barril para 2027.

En las *Perspectivas* se supone que las políticas actuales se mantendrán vigentes en el futuro. En particular, la decisión del Reino Unido de salir de la Unión Europea no se incluye en las proyecciones, pues aún no se determinan las condiciones respectivas. Por ende, las proyecciones para Reino Unido se mantienen dentro del agregado de la Unión Europea.

En la Figura 1.1 se resumen las condiciones actuales de mercado de los diferentes productos incluidos en las *Perspectivas*; en ella se muestra la evolución de la producción y los precios durante el periodo base (2015-2017), en comparación con los niveles promedio de la última década. En la mayoría de los cereales, tipos de carne, productos lácteos y pescado, los niveles de producción de 2017 superaron incluso los altos niveles registrados el año anterior.

Pese a la recuperación económica mundial y al aumento en los precios del petróleo, los precios de casi todos los productos básicos agrícolas no cambiaron mucho en 2017 en comparación con el año anterior, excepto los productos lácteos y el azúcar. Los mercados de lácteos experimentaron constantes cambios, con un descenso de los precios en 2016 seguido por una recuperación en 2017 y un incremento de 65% en los precios de la mantequilla en el primer semestre, que acabaron por disminuir a finales del año. La recuperación de la producción de azúcar después de dos años de escasez contribuyó a esta reducción de precios.

Estas condiciones actuales del mercado conforman el marco para las proyecciones a 10 años del consumo, la producción, el comercio y los precios presentados en las secciones siguientes.

Figura 1.1. **Condiciones actuales del mercado de los principales productos básicos**

Condiciones actuales del mercado	Índice de producción Promedio 2008-2017 = 100	Índice de precios Promedio 2008-2017 = 100

Cereales

En 2017, la producción mundial alcanzó un nuevo récord: los niveles de maíz y arroz superaron las tasas históricas.

La oferta mundial ha excedido la demanda durante varios años, lo que genera una importante acumulación de inventarios y precios bajos.

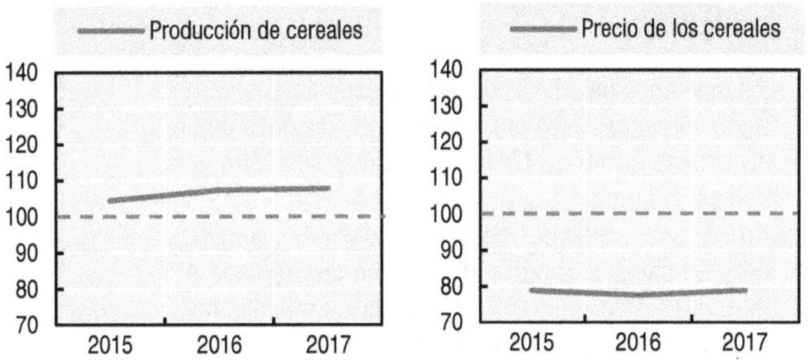

Producción de cereales

Precio de los cereales

Semillas oleaginosas

En la campaña comercial de 2017 la producción de soya bajó ligeramente, aunque la producción agregada de otras semillas oleaginosas se mantuvo estable. El crecimiento de la demanda de harinas proteicas fue menor que en 2016. En general, no hubo grandes perturbaciones.

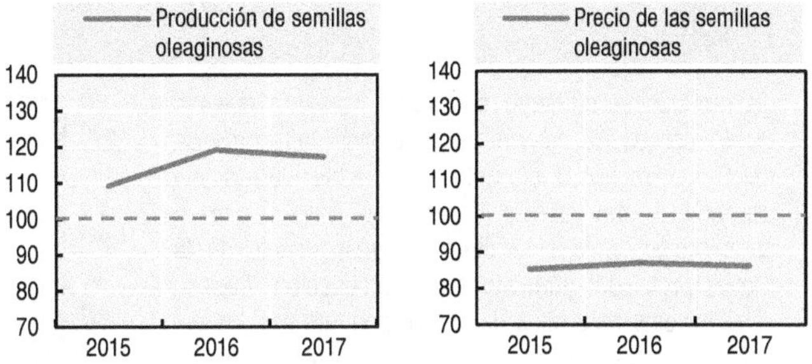

Producción de semillas oleaginosas

Precio de las semillas oleaginosas

Azúcar

Después de dos años de escasez de oferta, en 2017 la producción aumentó y se acercó al récord de 2012. Los precios del azúcar bajaron después de aumentar con fuerza en 2016. El crecimiento de la demanda se incrementó en los países con bajo consumo per cápita. La demanda mundial de importaciones siguió a la baja, en parte por la menor demanda de China.

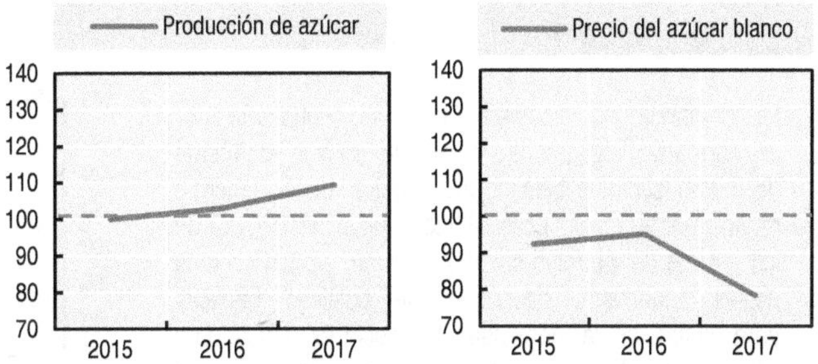

Producción de azúcar

Precio del azúcar blanco

Carne

En 2017, la producción mundial de carne aumentó 1.2%. Gran parte del incremento de la producción se originó en Estados Unidos, pero otros países, como Argentina, China, la Federación de Rusia, India, México y Turquía también contribuyeron de manera importante. Tras bajar en 2016, los precios internacionales de la carne aumentaron 9% en 2017 (según mediciones del índice de precios de la carne de la FAO) dado el crecimiento de la demanda de importaciones. El mayor aumento de precio correspondió a la carne de ovino.

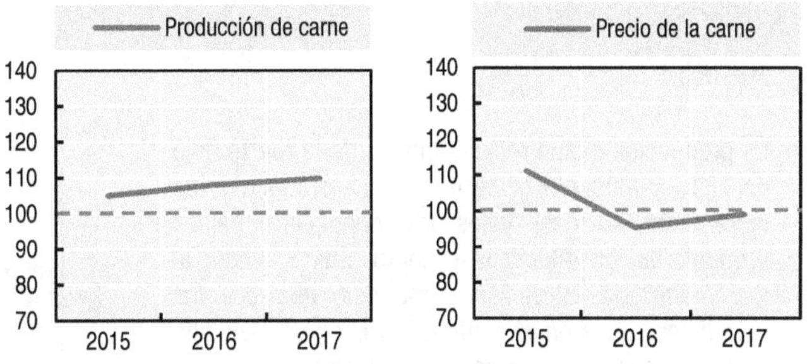

Producción de carne

Precio de la carne

Nota: Todas las figuras se expresan como un índice en el que la media 2008-2017 se fija en 100. La producción se refiere a los volúmenes de producción mundiales; los índices de precios se ponderan por el valor promedio de la producción mundial en la década previa, medida por los precios internacionales. En los cuadros resumen de los productos básicos del Anexo y en los capítulos en línea se proporciona mayor información sobre las condiciones del mercado y los cambios por productos.

Fuente: OCDE/FAO (2018), "OCDE-FAO Perspectivas Agrícolas", *Estadísticas de la OCDE sobre agricultura* (base de datos), *http://dx.doi.org/10.1787/agr-outl-data-en*.

StatLinks *http://dx.doi.org/10.1787/888933848018*

Figura 1.1. **Condiciones actuales del mercado de los principales productos básicos** *(cont.)*

Condiciones actuales del mercado	Índice de producción Promedio 2008-2017 = 100	Índice de precios Promedio 2008-2017 = 100

Lácteos

Los mercados mundiales de lácteos experimentaron un fuerte aumento de los precios en 2017. Después de un incremento inicial de 65% en el primer semestre, los precios de la mantequilla volvieron a bajar a finales de 2017. El precio de la leche entera en polvo (LEP) aumentó 46%; en cambio, el precio de la leche descremada en polvo (LDP) solo subió 3%. La producción mundial tuvo un crecimiento leve de 0.5%, por debajo de la tasa promedio de crecimiento de la década anterior.

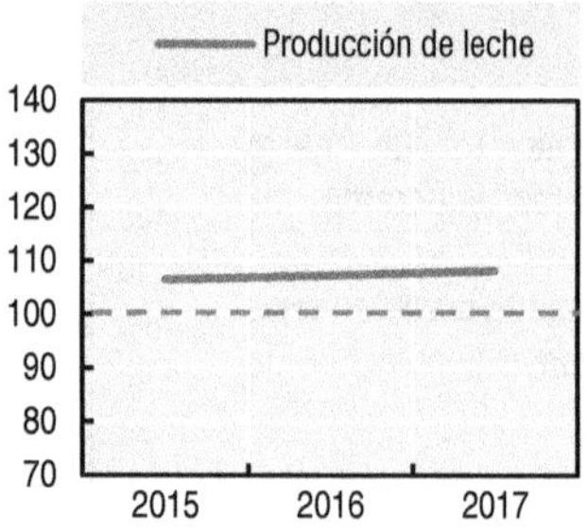

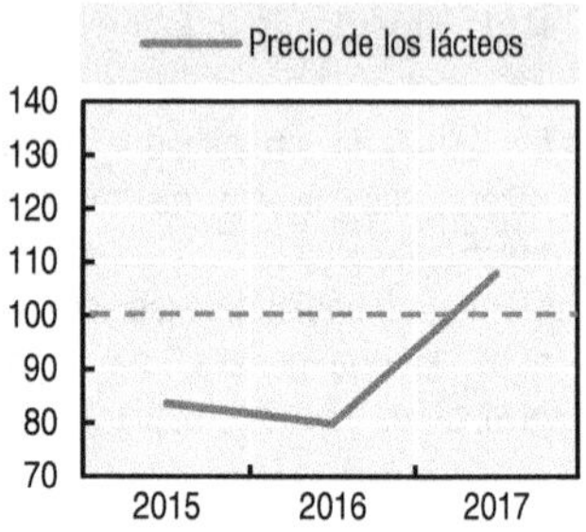

Producción de leche

Precio de los lácteos

Pescado

La producción aumentó con mayor rapidez que en 2016, porque la captura de anchoveta en América del Sur se recuperó, en tanto que la acuicultura siguió creciendo a una tasa de 4% por año. Al igual que en años recientes, la acuicultura fue responsable de la mayor parte del aumento en la producción. Pese a estos niveles más altos de producción, los precios del pescado aumentaron a escala mundial, pues la mejora de las condiciones económicas estimuló la demanda.

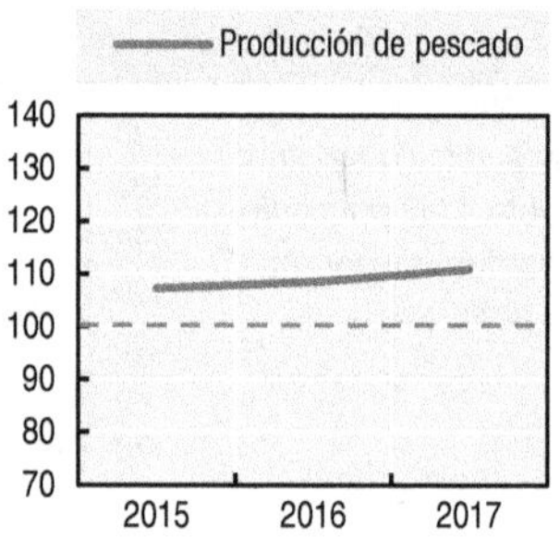

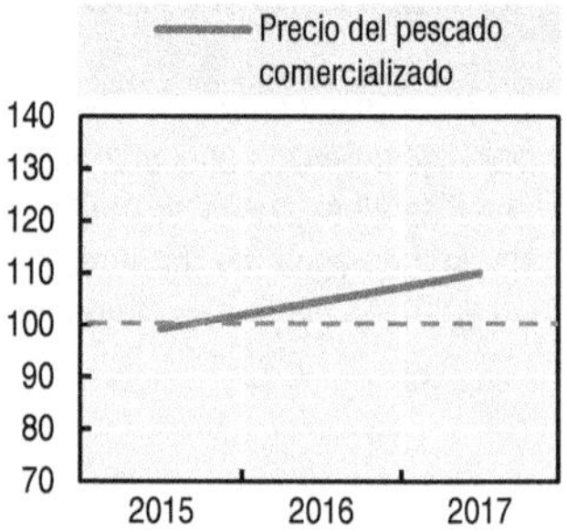

Producción de pescado

Precio del pescado comercializado

Biocombustibles

La demanda de biocombustibles fue constante por la normativa obligatoria y por la mayor demanda de combustible debida a los precios de la energía relativamente bajos, pese al incremento, en 2017, de los precios del petróleo crudo. Asimismo, en 2017 varios países anunciaron decisiones de políticas públicas para estimular la demanda de biocombustibles. Los precios del etanol y el biodiésel difirieron: el etanol bajó 2.3% mientras que el biodiésel subió 8%.

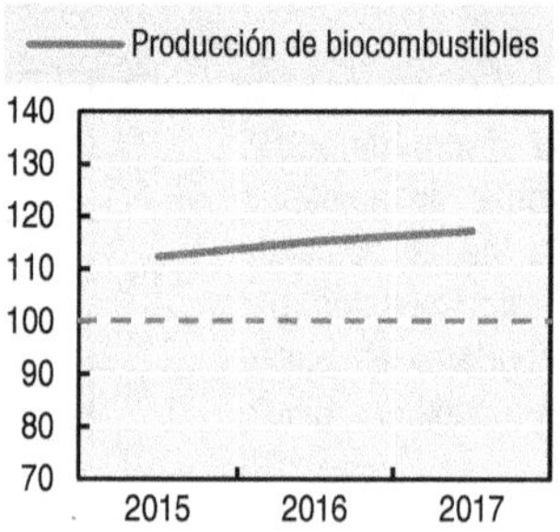

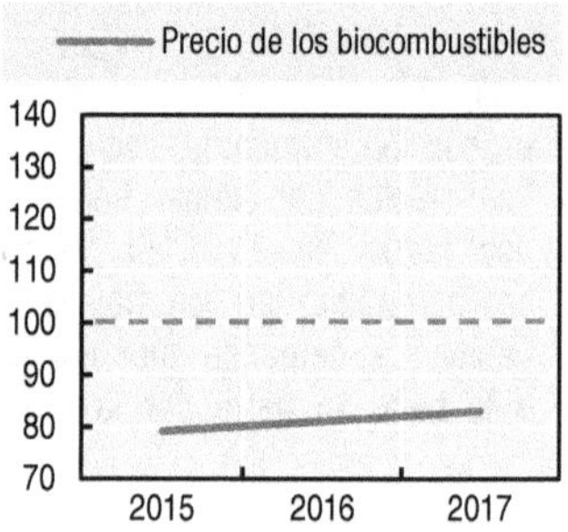

Producción de biocombustibles

Precio de los biocombustibles

Algodón

La producción siguió recuperándose de la fuerte baja de 2015 y aumentó cerca de 9%. La producción se incrementó en casi todos los principales países productores de algodón, excepto China. Pese al incremento de la demanda mundial, las reservas mundiales crecieron y se mantuvieron en un nivel alto en casi nueve meses de consumo mundial.

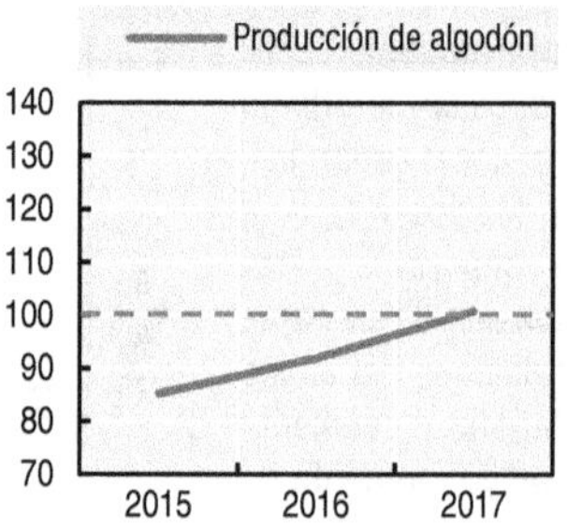

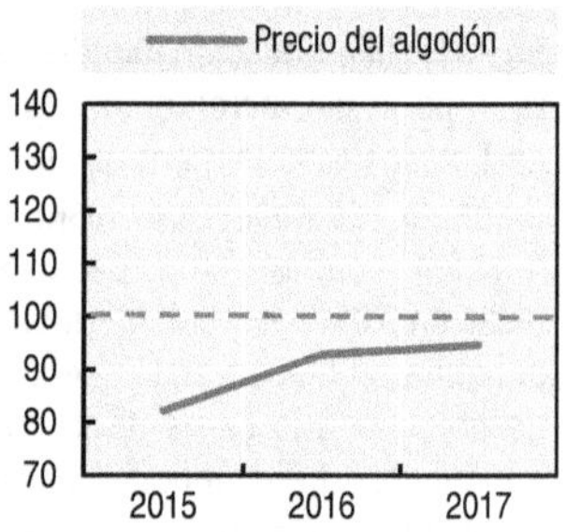

Producción de algodón

Precio del algodón

Nota: Todas las figuras se expresan como un índice en el que la media 2008-2017 se fija en 100. La producción se refiere a los volúmenes de producción mundiales; los índices de precios se ponderan por el valor promedio de la producción mundial en la década previa, medida por los precios internacionales. En los cuadros resumen de los productos básicos del Anexo y en los capítulos en línea se proporciona mayor información sobre las condiciones del mercado y los cambios por productos.

Fuente: OCDE/FAO (2018), "OCDE-FAO Perspectivas Agrícolas", *Estadísticas de la OCDE sobre agricultura* (base de datos), *http://dx.doi.org/10.1787/agr-outl-data-en.*

StatLinks *http://dx.doi.org/10.1787/888933848018*

Consumo

Los productos básicos agrícolas se consumen sobre todo como alimento, forraje y para aplicaciones industriales que incluyen los combustibles. En la demanda de alimentos influyen el crecimiento de la población y de los ingresos, y, cada vez más, las tendencias en los patrones alimentarios y las preferencias del consumidor. La demanda de forraje se relaciona estrechamente con los productos ganaderos para consumo humano, como carne, huevos y leche, pero también con la evolución de la tecnología para la producción ganadera. Los usos industriales de los productos básicos agrícolas (sobre todo como biocombustibles y como insumo para la industria química) se determinan por las condiciones económicas generales, así como por las políticas regulatorias y los avances tecnológicos. Además, la importancia relativa de cada uso varía por producto básico, región, y nivel de desarrollo económico.

Durante los 10 años recientes, los mercados agrícolas experimentaron un fuerte aumento en la demanda de una amplia gama de productos básicos. Gran parte de ese crecimiento se debe a los usos no alimentarios de los productos básicos agrícolas, sobre todo materias primas para biocombustibles y forraje. En tanto que en el mundo desarrollado la demanda de alimentos se estancó, la normativa obligatoria de biocombustibles provocó un aumento en la demanda de maíz, caña de azúcar y aceites vegetales como materias primas. Al mismo tiempo, la demanda de carne en China y otras economías emergentes se elevó debido al aumento de los ingresos, con lo que se intensificó la producción ganadera y se impulsó la demanda de forraje en los mercados mundiales. En conjunto, estas fuentes de crecimiento de la demanda contribuyeron a que los precios agrícolas reales permanecieran por arriba de los niveles observados a principios de la década de 2000 y fomentaron el incremento de la producción en todo el mundo.

Los biocombustibles y el crecimiento de la demanda en China seguirán influyendo en los mercados agrícolas mundiales. No obstante, su importancia disminuye y no se les sustituye del todo con nuevas fuentes de crecimiento de la demanda, bien sea para uso alimentario, como forraje o combustible.

En términos de la demanda de alimentos, se espera que el consumo per cápita de muchos productos básicos se mantenga estable en el ámbito mundial. Esto no solo se prevé respecto de productos alimentarios básicos, como cereales, raíces y tubérculos, en los que los niveles de consumo se acercan a la saturación en muchos países, sino también respecto de la carne. En algunas regiones de ingresos bajos que actualmente tienen bajos niveles de consumo per cápita de carne, como África subsahariana, no se espera que estos niveles suban significativamente debido a la falta de un aumento suficiente de los ingresos. Algunas economías emergentes, en particular China, ya hicieron la transición a niveles relativamente altos de consumo per cápita de carne. En India, donde el aumento de los ingresos es más pronunciado, las preferencias alimentarias provocan que dicho aumento se refleje en una mayor demanda per cápita de lácteos como la proteína animal preferida, por encima de la carne.

El consumo estable de alimentos per cápita implica que el crecimiento de la población será el principal factor determinante del aumento de la demanda de alimentos, aunque se prevé que en la próxima década la población mundial crecerá a una tasa menor. La mayor parte del consumo alimentario adicional de la próxima década se originará en regiones con un alto crecimiento demográfico, como África subsahariana, India y la región de Oriente Medio y África del Norte (el tema central del Capítulo 2). Los patrones de demanda en estas regiones influirán cada vez más en los mercados agrícolas internacionales.

Por su parte, la demanda de forraje seguirá superando a la demanda alimentaria a medida que se intensifique la producción ganadera. Un gran porcentaje de la demanda de forraje adicional provendrá de China, al igual que sucedió en la década anterior. Sin embargo, en comparación con esta, el aumento de la demanda de forraje se desacelerará.

Por último, los avances recientes en las políticas de biocombustibles, combinados con el supuesto de un aumento relativamente moderado en los precios del petróleo crudo, sugieren un incremento más moderado del uso de productos básicos agrícolas en la producción de biocombustibles.

Como resultado de estas variaciones en los usos de productos básicos agrícolas como alimento, forraje y combustible, se espera que en la próxima década la demanda mundial de productos básicos agrícolas crezca más lentamente (Figura 1.2).

Figura 1.2. **Crecimiento anual de la demanda de los principales grupos de productos básicos, 2008-2017 y 2018-2027**

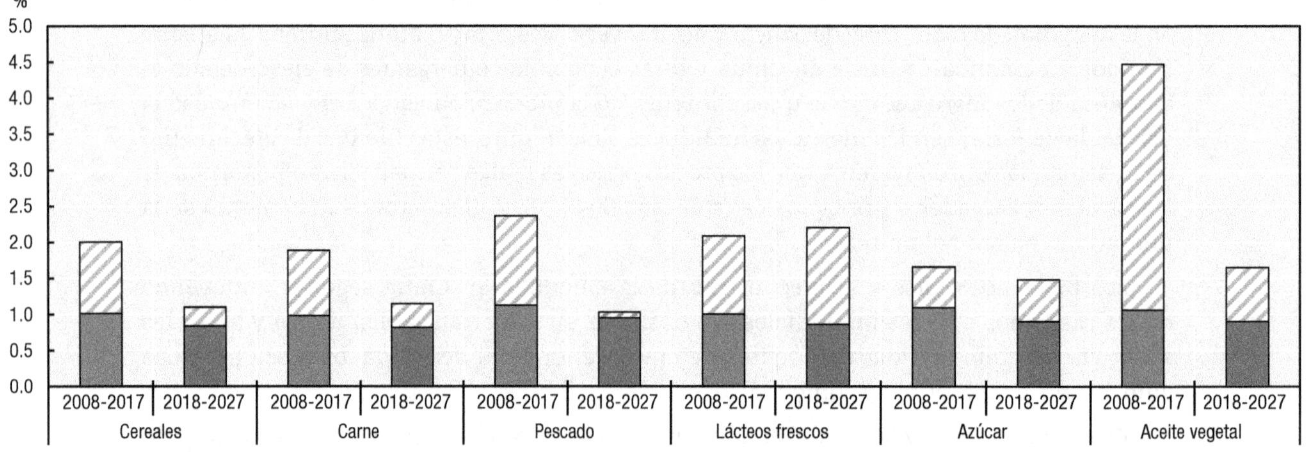

Nota: El componente de crecimiento de la población se calcula conforme al supuesto de que la demanda per cápita permanecerá constante al nivel del año anterior a la década. Las tasas de crecimiento se refieren a la demanda total (de alimentos, forraje y otros usos).

Fuente: OCDE/FAO (2018), "OCDE-FAO Perspectivas Agrícolas", *Estadísticas de la OCDE sobre agricultura* (base de datos), *http://dx.doi.org/10.1787/agr-outl-data-en*.

StatLinks *http://dx.doi.org/10.1787/888933848037*

En cuanto a los cereales, la carne, el pescado y el aceite vegetal, las tasas de crecimiento se acercan a la mitad de las prevalecientes en la década anterior. La desaceleración es particularmente pronunciada en el caso del aceite vegetal, que fue el producto básico de crecimiento más rápido durante la última década, dado que las políticas de biocombustibles, los usos industriales (para pinturas, lubricantes, detergentes, etc.) y un fuerte incremento del uso alimentario reforzaron la demanda. Pese a la desaceleración, el aceite vegetal se mantiene como uno de los productos básicos de crecimiento más rápido incluidos en las *Perspectivas*, junto con los productos lácteos frescos y el azúcar.

Alimentos: el crecimiento de la población y de los ingresos impulsa la demanda en el mundo en desarrollo

El consumo alimentario seguirá creciendo para la mayoría de los productos básicos debido al crecimiento de la población y al aumento de los ingresos per cápita, y el mundo en desarrollo será la fuente del mayor incremento de la demanda durante los próximos 10 años (Figura 1.3). África subsahariana e India representarán un gran porcentaje de la demanda de cereales adicional para consumo alimentario en la próxima década. El consumo de productos lácteos y aceite vegetal en India consolidará el aumento de estos productos durante los próximos 10 años, en tanto que a China le seguirá correspondiendo una gran proporción del crecimiento de la demanda de carne y pescado.

Figura 1.3. **Contribuciones regionales al crecimiento de la demanda de alimentos, 2008-2017 y 2018-2027**

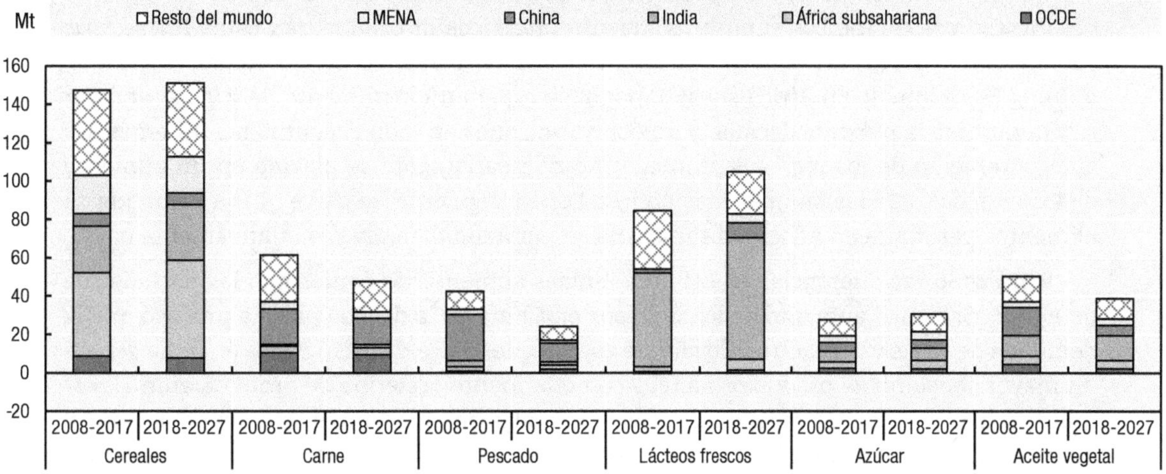

Mt
□ Resto del mundo □ MENA ■ China ■ India □ África subsahariana ■ OCDE
160 140 120 100 80 60 40 20 0 -20
2008-2017 2018-2027 Cereales | 2008-2017 2018-2027 Carne | 2008-2017 2018-2027 Pescado | 2008-2017 2018-2027 Lácteos frescos | 2008-2017 2018-2027 Azúcar | 2008-2017 2018-2027 Aceite vegetal

Nota: Cada columna muestra el aumento de la demanda mundial durante un periodo de 10 años, dividida por región, para uso alimentario solamente. MENA representa la región de Oriente Medio y África del Norte, y se define como se establece en el Capítulo 2.

Fuente: OCDE/FAO (2018), "OCDE-FAO Perspectivas Agrícolas", *Estadísticas de la OCDE sobre agricultura* (base de datos), *http://dx.doi.org/10.1787/agr-outl-data-en.*

StatLinks *http://dx.doi.org/10.1787/888933848056*

La contribución importante de África subsahariana e India refleja en gran medida el fuerte crecimiento de la población en estas regiones (Figura 1.4). Se espera que la tasa de crecimiento de la población mundial baje del 1.1% actual a 0.9% por año de aquí al año 2027.

Figura 1.4. **Crecimiento de la población mundial, 1998-2027**

(a) Crecimiento anual (b) Crecimiento anual

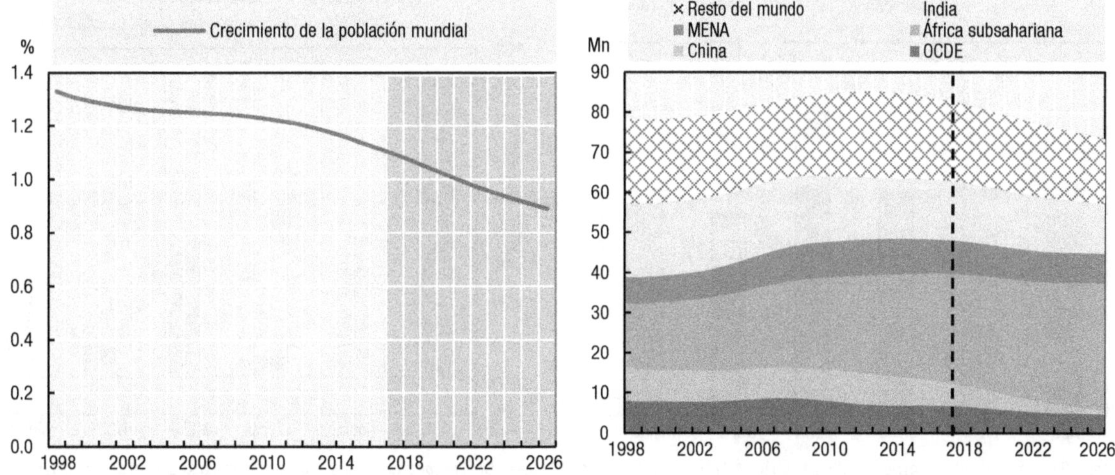

Nota: MENA representa la región de Oriente Medio y África del Norte.

Fuente: OCDE/FAO (2018), "OCDE-FAO Perspectivas Agrícolas", *Estadísticas de la OCDE sobre agricultura* (base de datos), *http://dx.doi.org/10.1787/agr-outl-data-en.*

StatLinks *http://dx.doi.org/10.1787/888933848075*

Desde alrededor de 2013, el crecimiento también se redujo en términos absolutos, aunque la población mundial seguirá incrementándose en 74 millones (Mn) de personas por año para 2027. La mayor parte de este aumento ocurrirá en África subsahariana e India, así como en la región de Oriente Medio y África del Norte. El crecimiento demográfico de África subsahariana se acelera en términos absolutos: en tanto que la población de la región aumentará en 27 Mn en 2017, la tasa subirá a 32 Mn de personas más por año en 2027.

Además del crecimiento de la población, en la demanda de alimentos influye el aumento del ingreso per cápita. Los supuestos macroeconómicos que sustentan estas *Perspectivas* sugieren un fuerte aumento del producto interno bruto (PIB) per cápita en India (6.3% anual) y China (5.9% anual). En África subsahariana, se espera un incremento de 2.9% al año per cápita durante la próxima década, pero con variaciones en todo el continente. Además, un alto incremento de los ingresos promedio no necesariamente se plasma en un aumento de los ingresos para las familias más pobres. Por consiguiente, se prevé que la demanda de alimentos per cápita en África subsahariana se mantendrá en niveles relativamente bajos.

Por último, las diferencias en las preferencias alimentarias conforman los patrones de demanda. Si bien el aumento de los ingresos en China en la década pasada provocó que la demanda de carne y pescado se elevara, se espera que el alza de los ingresos en India genere un mayor consumo de productos lácteos como la fuente preferida de proteína animal. Por tanto, la interrelación de estas diferencias regionales en el crecimiento de la población, el aumento de los ingresos y las preferencias alimentarias causan diferentes efectos en los productos básicos individuales.

Cereales: el aumento del consumo alimentario se determina principalmente por el crecimiento de la población

En la Figura 1.5 se muestra el nivel y la composición del consumo per cápita de cereales en las principales regiones, lo que ilustra el alto consumo per cápita de cereales en el mundo, sobre todo en Oriente Medio y África del Norte. También se muestra el predominio constante del trigo y el arroz en todas las regiones, excepto en África

Figura 1.5. **Cereales: disponibilidad para consumo alimentario**

(a) Consumo alimentario per cápita, por región y cultivo, 2027

kg/cápita
Otros cereales secundarios
Maíz
Arroz
Trigo
250
200
150
100
50
0
ASS
India
China
MENA
OCDE
Mundo

(b) Tasas de crecimiento del consumo alimentario per cápita y total durante el periodo de las perspectivas

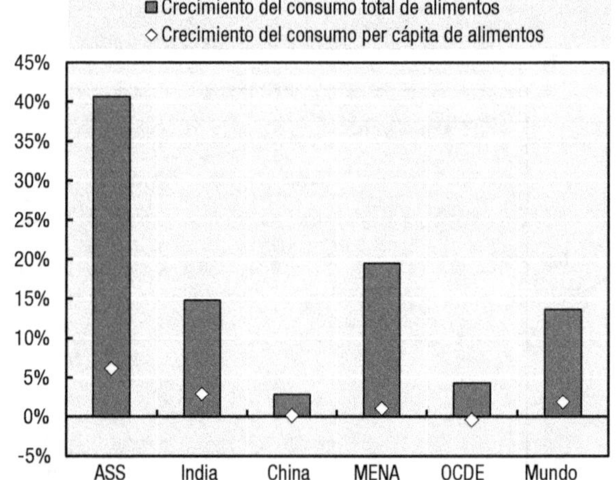

Nota: ASS: África subsahariana; MENA: Oriente Medio y África del Norte. En *Perspectivas Agrícolas* el consumo se mide en términos de la disponibilidad alimentaria y, por tanto, no se toman en cuenta los desechos.

Fuente: OCDE/FAO (2018), "OCDE-FAO Perspectivas Agrícolas", *Estadísticas de la OCDE sobre agricultura* (base de datos), *http://dx.doi.org/10.1787/agr-outl-data-en*.

StatLinks http://dx.doi.org/10.1787/888933848094

subsahariana. En esta región, el maíz blanco desempeña un papel importante en el consumo de cereales y en la ingesta de calorías, como se detalla en el Recuadro 1.1.

Recuadro 1.1. **Maíz blanco y seguridad alimentaria en África subsahariana**

El maíz es una fuente primaria de calorías en África subsahariana,[1] que aporta cerca de 19% de la disponibilidad promedio de calorías (Cuadro 1.1). Los consumidores prefieren el maíz blanco que no esté genéticamente modificado, el cual por lo regular se produce en el ámbito local o se importa de otros sitios de la región. Su producción es, en su mayor parte, de bajos insumos, de secano y basada en explotaciones agrícolas pequeñas, lo cual provoca gran variabilidad de rendimiento por localidad. Los déficits locales se compensan en su mayoría con el comercio intranacional y regional; cuando se obstaculizan estos flujos, la volatilidad de la producción amenaza la seguridad alimentaria local.

El comercio regional dentro de África subsahariana representa 5% del consumo alimentario, pero esta cifra varía considerablemente entre un país y otro. Sudáfrica, Zambia, Uganda y Etiopía son productores con excedentes constantes; Malawi, Mozambique y Tanzania son exportadores o importadores, según las condiciones climáticas. Y otros países, como Kenya y Zimbabwe, han aumentado constantemente sus importaciones en años recientes, y en el periodo 2015-2017, hasta 27% del consumo nacional dependió de las importaciones.

La mayor parte del comercio tiene lugar dentro de la región. Las políticas comerciales tienden a dar prioridad a una oferta estable para los mercados internos, por ejemplo, al imponer controles a las exportaciones durante periodos en los que se percibe una escasa producción. Tales restricciones suelen limitar el acceso a suministros locales y regionales, aumentar las fluctuaciones de precios y sumarse a los costos de importación pues los países tienen que adquirir los productos en el mercado internacional.

En la próxima década, el maíz blanco seguirá siendo fundamental para la seguridad alimentaria de la región (Cuadro 1.1). En las *Perspectivas* se pronostican más aumentos en la demanda alimentaria, al combinarse el creciente consumo per cápita de maíz con el fuerte crecimiento de la población. Se espera que esto genere 18.4 millones de toneladas (Mt) de maíz para consumo alimentario adicional durante la próxima década, cerca de la mitad del aumento mundial del consumo de maíz como alimento.

El aumento de la productividad entre los proveedores regionales es clave para asegurar el avance hacia el objetivo del Hambre Cero. Además, las relaciones comerciales abiertas y confiables son esenciales para sostener la seguridad alimentaria. África subsahariana dependerá cada vez más de las importaciones de otras regiones, pues no es posible satisfacer toda la demanda, cada vez mayor, con la producción local.

Cuadro 1.1. **Disponibilidad de calorías per cápita para el maíz en comparación con otros productos alimentarios**

	2015-2017		2027	
	Calorías per cápita	Porcentaje del total	Calorías per cápita	Porcentaje del total
Maíz	491	19%	515	19%
Otros cereales	784	30%	827	31%
Otros cultivo	530	20%	536	20%
Productos animales	188	7%	194	7%
Azúcar	130	5%	137	5%
Aceite vegetal	217	8%	235	9%
Otros	255	9%	268	10%
Total	2 596	100%	2 711	100%

Nota: Los datos se refieren al valor promedio para África subsahariana.

Fuente: OCDE/FAO (2018), "OCDE-FAO Perspectivas Agrícolas", *Estadísticas de la OCDE sobre agricultura* (base de datos), *http://dx.doi.org/10.1787/agr-outl-data-en.*

1. En este recuadro se resume un análisis más amplio del mercado del maíz blanco en África subsahariana, disponible en *www. agri-outlook.org.*

En el mundo, el consumo per cápita de cereales aumentará menos de 2% durante la próxima década. Este lento crecimiento se explica en gran parte por el nivel de consumo de cereales cercano a la saturación en muchas regiones del planeta. Se espera que el consumo per cápita de cereales para uso alimentario se incremente solo en regiones de ingresos bajos, como África subsahariana, donde el consumo per cápita subirá 6% durante la próxima década. En estas regiones de ingresos bajos, los cereales representan cerca de dos tercios de la energía alimentaria, en comparación con alrededor de un tercio en las regiones desarrolladas.

Por la relativa estabilidad del consumo per cápita, el crecimiento de la población será el principal factor determinante del crecimiento en la próxima década, y las regiones con mayor crecimiento demográfico (África subsahariana, India, Oriente Medio y África del Norte) también representarán la mayor parte del consumo adicional de cereales para consumo alimentario.

Carne y pescado: la convergencia mundial de los patrones de consumo se mantiene limitada

En comparación con los cereales, que son una importante fuente alimentaria en todo el mundo, el consumo de carne y pescado difiere significativamente entre las distintas regiones, de acuerdo con patrones alimentarios y niveles de ingresos (Figura 1.6). La disponibilidad de carne y pescado es particularmente baja en África subsahariana, donde los bajos ingresos limitan el consumo, y en India, donde los lácteos constituyen una parte importante de la ingesta de proteínas. La disponibilidad es alta en economías avanzadas y en América Latina (no incluida en la gráfica), pero también en China, donde el pescado y la carne de cerdo representan más de la mitad del total.

Figura 1.6. **Carne y pescado: disponibilidad per cápita para consumo alimentario**

(a) Consumo alimentario per cápita de carne y pescado, por región y producto básico, 2027

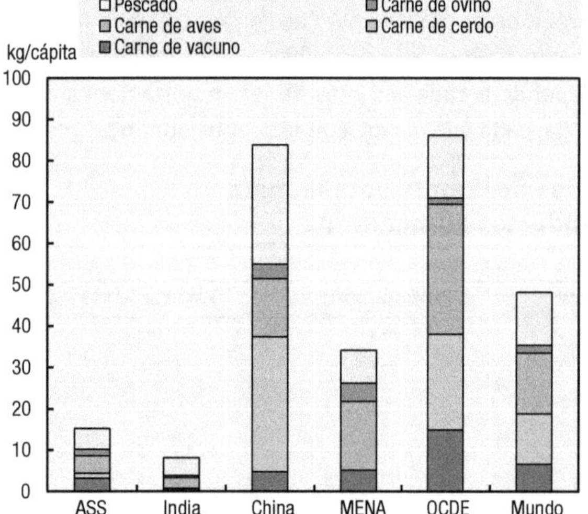

(b) Tasas de crecimiento del consumo per cápita y total de carne y pescado durante el periodo de las perspectivas

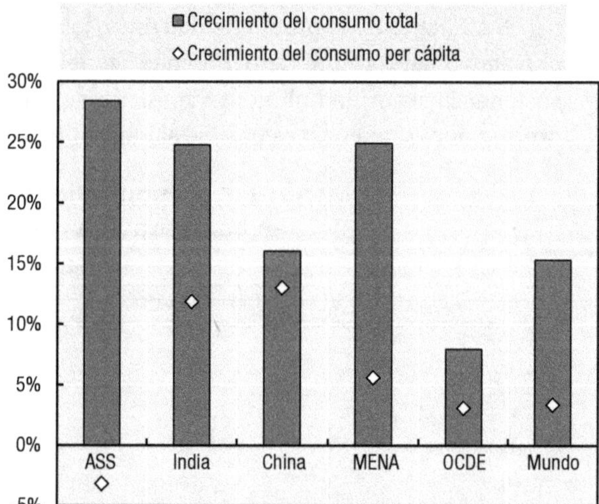

Nota: ASS: África subsahariana; MENA: Oriente Medio y África del Norte. El consumo se define aquí en términos de la disponibilidad alimentaria y, por tanto, no se toman en cuenta los desechos. Los datos de consumo per cápita se refieren a peso comestible, estimado utilizando factores de conversión de 0.7 para la carne de vacuno; 0.78 para la carne de cerdo; 0.88 para la carne de aves de corral y la carne de bovino, y 0.6 para el pescado.

Fuente: OCDE/FAO (2018), "OCDE-FAO Perspectivas Agrícolas", *Estadísticas de la OCDE sobre agricultura* (base de datos), *http://dx.doi.org/10.1787/agr-outl-data-en*.

StatLinks *http://dx.doi.org/10.1787/888933848113*

En el ámbito mundial, se espera que el consumo total de carne y pescado aumente 15% durante el periodo de las perspectivas, en tanto que el consumo per cápita de carne y pescado crezca solo 3%, con notorias variaciones entre las distintas regiones. Se prevé que el incremento más fuerte ocurrirá en África subsahariana (+28%), aunque esto exclusivamente refleja el impacto del crecimiento de la población; se prevé que el consumo per cápita bajará 3%. En cambio, el consumo per cápita aumentará más en India (+12%, aunque a partir de una base baja) y China (+13%).

En el caso de la carne, el consumo per cápita aumentará con mayor fuerza en términos absolutos en el mundo desarrollado (+2.9 kg/cápita durante el periodo de las perspectivas), facilitado por la disminución de los precios. Por consiguiente, existe una brecha creciente con los países en desarrollo, que amplía la disponibilidad en 1.4 kg/cápita. Este menor aumento refleja en parte restricciones de ingresos; problemas en la cadena de suministro en algunas zonas (por ejemplo, falta de infraestructura para una cadena de refrigeración), y, en algunas regiones, preferencias alimentarias en las que la proteína se obtiene de fuentes no cárnicas. En el mundo en desarrollo, los países menos adelantados (PMA) agregarán solo 0.3 kg/cápita, debido al lento crecimiento de su ingreso disponible. Se espera que los países asiáticos de este grupo muestren cierto crecimiento, en tanto que en África subsahariana bajará el consumo per cápita tanto de carne como de pescado.

En la última década se registró un fuerte incremento del consumo mundial per cápita de carne de aves de corral (+16%), en tanto que el consumo per cápita de carne de vacuno disminuyó casi 5% entre 2008 y 2017. Para la próxima década se espera que el consumo per cápita de carne de aves de corral (que suele ser la carne de menor precio) se eleve 5.5%, en tanto que se prevé que la carne de vacuno se recuperará, con un crecimiento de 3.5% durante la próxima década, especialmente en China. El consumo per cápita de carne de cerdo se mantendrá estable en todo el mundo, pero se espera un fuerte aumento en las regiones y países en los que dicho producto es popular, como en América Latina, Filipinas, Tailandia y Vietnam. Se prevé que la participación de China en el incremento del consumo mundial de carne de cerdo disminuirá debido a un nivel de consumo per cápita que ya es alto. En tanto que China representó 65% del aumento de la década anterior, en los próximos 10 años solo aportará 45% de la expansión. La carne de bovino seguirá representando un nicho de mercado en la mayoría de los países, pese al crecimiento de 8% del consumo per cápita durante los próximos 10 años, concentrado sobre todo en China y otros países asiáticos a medida que se diversifiquen las dietas de la región.

Lácteos: el consumo de los productos lácteos frescos aumentará en las economías emergentes

Los lácteos pueden consumirse como productos lácteos frescos, mantequilla, queso o leche en polvo (por ejemplo, para usarse en el procesamiento de alimentos). Los productos lácteos frescos dominan el consumo en las regiones en desarrollo y en el ámbito mundial, en tanto que los procesados, como la mantequilla y el queso, dominan el consumo de lácteos en el mundo desarrollado (panel a, Figura 1.7).

El predominio de los productos lácteos frescos aumentará en la próxima década, con un crecimiento de 2.2% anual en el consumo, es decir, la mayor tasa de incremento entre los productos básicos analizados en las *Perspectivas Agrícolas*. Este aumento puede atribuirse en gran medida a India, donde los lácteos son un componente integral de la dieta. Se espera también que en Ucrania y Kazajstán el consumo per cápita experimente un fuerte aumento a partir de niveles ya altos.

Si bien los países en desarrollo consumen cada vez más productos lácteos frescos (que llegarán a 8.4 kg/cápita para 2027), el consumo de dichos productos en los países

Figura 1.7. **Consumo mundial de lácteos (en sólidos lácteos)**

(a) Consumo alimentario per cápita de lácteos, por región y producto, 2027

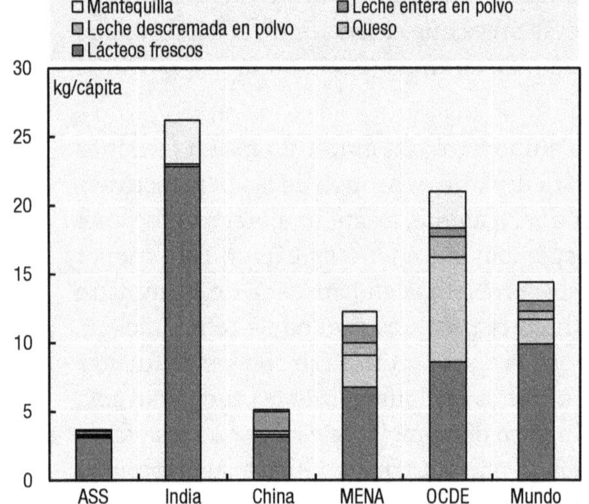

(b) Tasas de crecimiento del consumo per cápita y total durante el periodo de las perspectivas

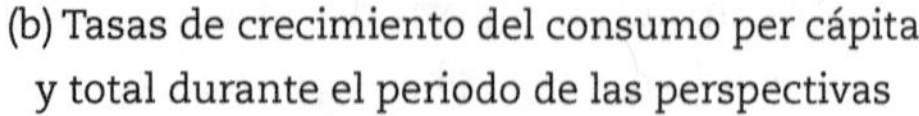

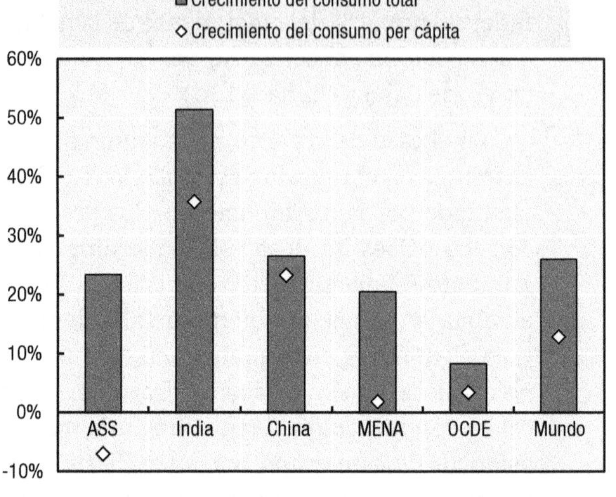

Nota: Consumo alimentario de productos lácteos en equivalentes de sólidos lácteos (grasos y no grasos). ASS: África subsahariana; MENA: Oriente Medio y África del Norte. En *Perspectivas Agrícolas* el consumo se mide en términos de la disponibilidad alimentaria y, por tanto, no se toman en cuenta los desechos.

Fuente: OCDE/FAO (2018), "OCDE-FAO Perspectivas Agrícolas", *Estadísticas de la OCDE sobre agricultura* (base de datos), *http://dx.doi.org/10.1787/agr-outl-data-en*.

StatLinks http://dx.doi.org/10.1787/888933848132

desarrollados bajará 1.7 kg/cápita, a medida que los consumidores sigan cambiando a los lácteos procesados, como leche en polvo, queso y mantequilla.

La creciente preferencia por la mantequilla en los países con mayores ingresos se atribuye en parte al cambio en la percepción de las implicaciones del consumo de grasa láctea para la salud. A pesar de los fuertes movimientos en los precios registrados el año anterior, se espera que la demanda mundial de mantequilla crezca cerca de 2.2% por año. El aumento se apoyará en un alto y creciente consumo en India.

Azúcar y aceite vegetal: el consumo aumenta a pesar de la creciente inquietud por la salud

Además de los productos lácteos frescos, se esperan tasas de crecimiento relativamente altas para el azúcar y el aceite vegetal, pues la urbanización en los países en desarrollo provoca una mayor demanda de alimentos de conveniencia, que suelen tener un alto contenido de azúcar y aceite.

La mayor parte de la demanda de azúcar adicional provendrá del mundo en desarrollo (94%), en particular Asia (60%) y África (25%), dos regiones importadoras de este producto. Se prevé que el consumo per cápita aumentará 2.4 kg/cápita en India, 2.5 kg/cápita en China y 2.9 kg/cápita en Oriente Medio y África del Norte, en comparación con el consumo constante de los países desarrollados (Figura 1.8). En África subsahariana, se prevé que el consumo per cápita aumentará 7% o 0.8 kg/cápita durante la próxima década. En combinación con el fuerte crecimiento de la población, se espera que el consumo total de la región crezca 42%. Si bien el incremento en el consumo per cápita en África subsahariana es relativamente pequeño, contrasta con la caída prevista del consumo per cápita de carne, pescado y lácteos.

Figura 1.8. **Consumo alimentario de azúcar**

(a) Consumo alimentario per cápita de azúcar

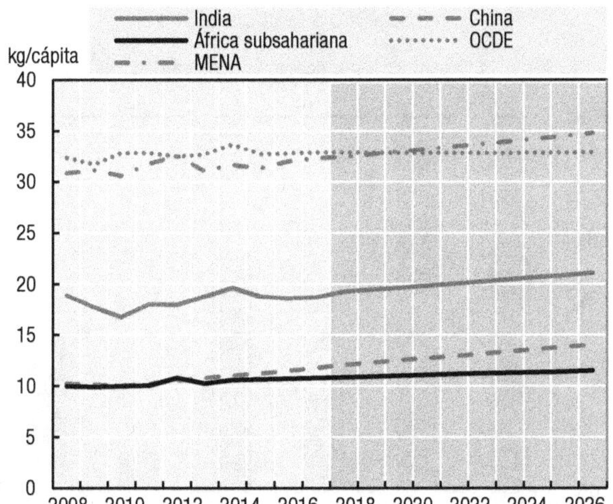

(b) Tasas de crecimiento del consumo per cápita y total durante el periodo de las perspectivas

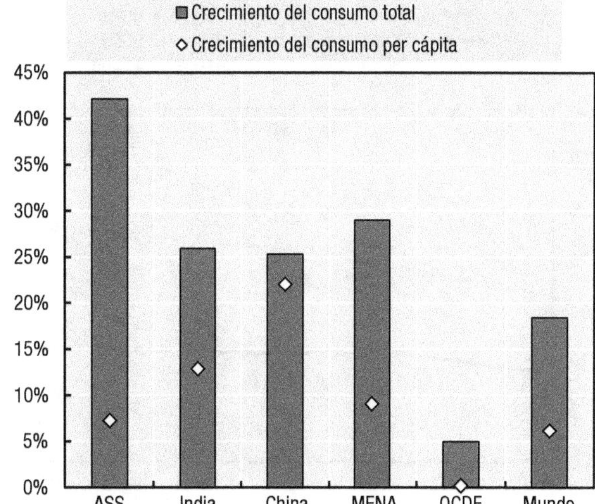

Nota: En las figuras se muestra el consumo alimentario de azúcar a partir de caña de azúcar y remolacha azucarera (es decir, excluye otros edulcorantes como el jarabe de glucosa rico en fructosa). ASS: África subsahariana; MENA: Oriente Medio y África del Norte. En *Perspectivas Agrícolas* el consumo se mide en términos de la disponibilidad alimentaria y, por tanto, no se toman en cuenta los desechos.

Fuente: OCDE/FAO (2018), "OCDE-FAO Perspectivas Agrícolas", *Estadísticas de la OCDE sobre agricultura* (base de datos), *http://dx.doi.org/10.1787/agr-outl-data-en.*

StatLinks http://dx.doi.org/10.1787/888933848151

En cuanto a otros productos básicos, en los patrones de consumo de azúcar influyen factores locales, así como ingresos y preferencias. Por ejemplo, el consumo per cápita es alto en Brasil (el mayor productor de azúcar del mundo) y otros países latinoamericanos, y se prevé que seguirá creciendo. Los niveles de consumo per cápita también son altos en los países de la OCDE, pero se prevé que se mantendrán sin cambio. Este estancamiento puede deberse en parte a la identificación de altos niveles de consumo de azúcar como factor que contribuye al incremento en las tasas de obesidad y enfermedades no transmisibles. En cambio, incluso los niveles de consumo per cápita en Oriente Medio y África del Norte son similares a los registrados en los países de la OCDE, cuyos factores no se espera que limiten el consumo de azúcar durante los próximos 10 años, mismo que seguirá al alza.

En comparación con otros productos básicos, el crecimiento esperado en la demanda de alimentos es fuerte para el aceite vegetal (2.0% por año), aunque eso representa una considerable desaceleración en comparación con la tasa de crecimiento anual de 3.9% de la década pasada.

Para el mundo en su conjunto, se prevé que el uso alimentario per cápita del aceite vegetal aumentará de 21 a 23 kg per cápita (Figura 1.9). En varios países en desarrollo, el consumo per cápita se acerca a los niveles observados en el mundo desarrollado. Eso ocurre en particular en China, pero también en India, Oriente Medio y África del Norte. En cambio, el consumo per cápita en África subsahariana se mantendrá en niveles mucho menores que los del resto del mundo, aunque se prevé que subirá 6% durante el periodo de las perspectivas, o 0.6 kg/cápita.

Como ya se mostró, el fuerte aumento de la demanda en el mundo en desarrollo no siempre corresponde a una creciente disponibilidad de alimentos per cápita. En África subsahariana, las altas tasas de crecimiento del pescado y la carne son resultado del fuerte crecimiento de la población, en tanto que se prevé que la disponibilidad per cápita

Figura 1.9. **Consumo alimentario de aceite vegetal**

(a) Consumo alimentario per cápita de aceite vegetal

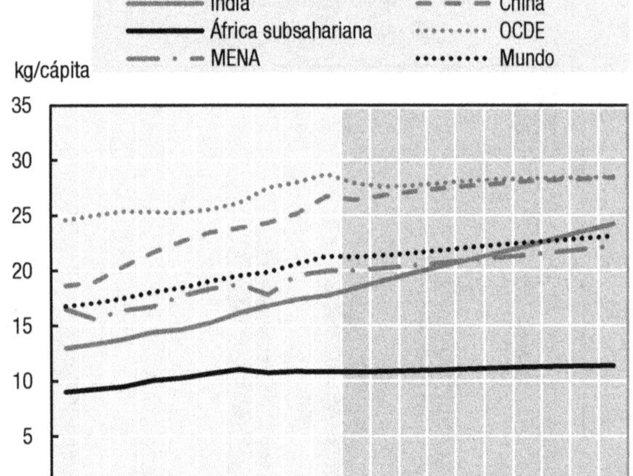

(b) Tasas de crecimiento del consumo per cápita y total durante el periodo de las perspectivas

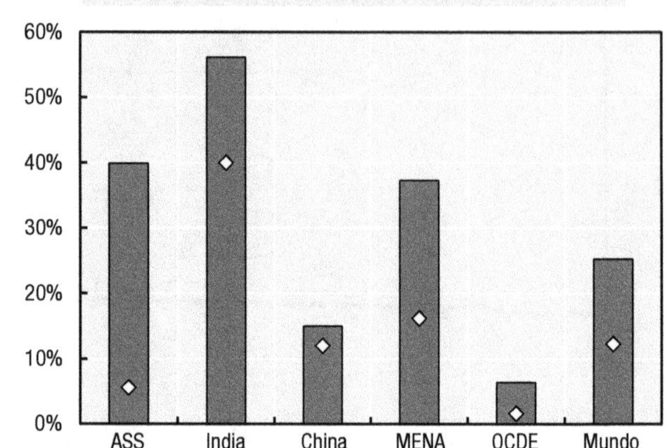

Nota: En las figuras se muestra el consumo alimentario de aceite vegetal (es decir, excluyen el uso como materia prima para biodiésel y otros usos). ASS: África subsahariana; MENA: Oriente Medio y África del Norte. En *Perspectivas Agrícolas* el consumo se mide en términos de la disponibilidad alimentaria y, por tanto, no se toman en cuenta los desechos.

Fuente: OCDE/FAO (2018), "OCDE-FAO Perspectivas Agrícolas", *Estadísticas de la OCDE sobre agricultura* (base de datos), *http://dx.doi.org/10.1787/agr-outl-data-en.*

StatLinks http://dx.doi.org/10.1787/888933848170

bajará; por su parte, no se espera que en Oriente Medio y África del Norte crezca mucho la disponibilidad per cápita de carne y pescado. En cambio, se espera que en estas regiones se eleve la disponibilidad per cápita de azúcar y aceite vegetal. De manera más general, se prevé que los PMA incrementarán su disponibilidad calórica a una tasa más lenta en la próxima década; este aumento se debe sobre todo al mayor consumo de azúcar y aceite, mientras se espera que la ingesta per cápita de proteína animal permanezca baja. Como resultado, la malnutrición seguirá siendo un problema importante en los PMA, como se detalla en el Recuadro 1.2.

Recuadro 1.2. **Perspectivas del consumo de alimentos y nutrición en los países menos adelantados**

La Organización de las Naciones Unidas reconoce a los países menos adelantados (PMA) como naciones particularmente desfavorecidas y acreedoras de un apoyo internacional especial. En la actualidad, los países con un ingreso per cápita anual inferior a USD 1025, un bajo nivel de capital humano y vulnerabilidad estructural ante los impactos económicos y ambientales se clasifican como PMA. De estos, 33 se localizan en África, 13 en Asia y el Pacífico, y uno en América Latina. En ellos vive 12% de la población mundial, pero representan menos de 2% del PIB mundial y solo cerca de 1% del comercio mundial de mercancías.

Las condiciones económicas imperantes en varios PMA mejoraron durante la década pasada, pues el aumento de su ingreso medio per cápita rebasó la cifra de 3% por año. En consecuencia, la prevalencia de la subalimentación (PoU) en los PMA como grupo bajó de 32.8% en 2000-2002 a 23.8% en 2010-2012. No obstante, las estimaciones para 2014-2016 sugieren un repunte a 24.4%, equivalente a 232 millones (Mn) de personas subalimentadas.

Los impactos relacionados con conflictos y con el clima se identifican como los principales factores impulsores del reciente aumento de la subalimentación, en particular en Oriente Medio y África del Norte.

Recuadro 1.2. **Perspectivas del consumo de alimentos y nutrición en los países menos adelantados** *(cont.)*

Las guerras y disturbios civiles han perturbado las actividades económicas nacionales y los ingresos en divisas, lo que perjudica la producción alimentaria local. La dependencia de alimentos importados, sobre todo de cereales, se mantendrá alta en varios PMA con mayor inseguridad alimentaria. Los países que resultan afectados simultáneamente por los impactos relacionados con los conflictos y el clima han pagado un precio particularmente alto en dicha seguridad. En 2016, esos factores pusieron en grave peligro la seguridad alimentaria de 45 Mn de personas en ocho PMA (Afganistán, Burundi, República Centroafricana, República Democrática del Congo, Somalia, Sudán del Sur, Sudán y Yemen).

Figura 1.10. **Fuentes de calorías y proteínas en los países menos adelantados**

(a) Calorías

(b) Proteínas

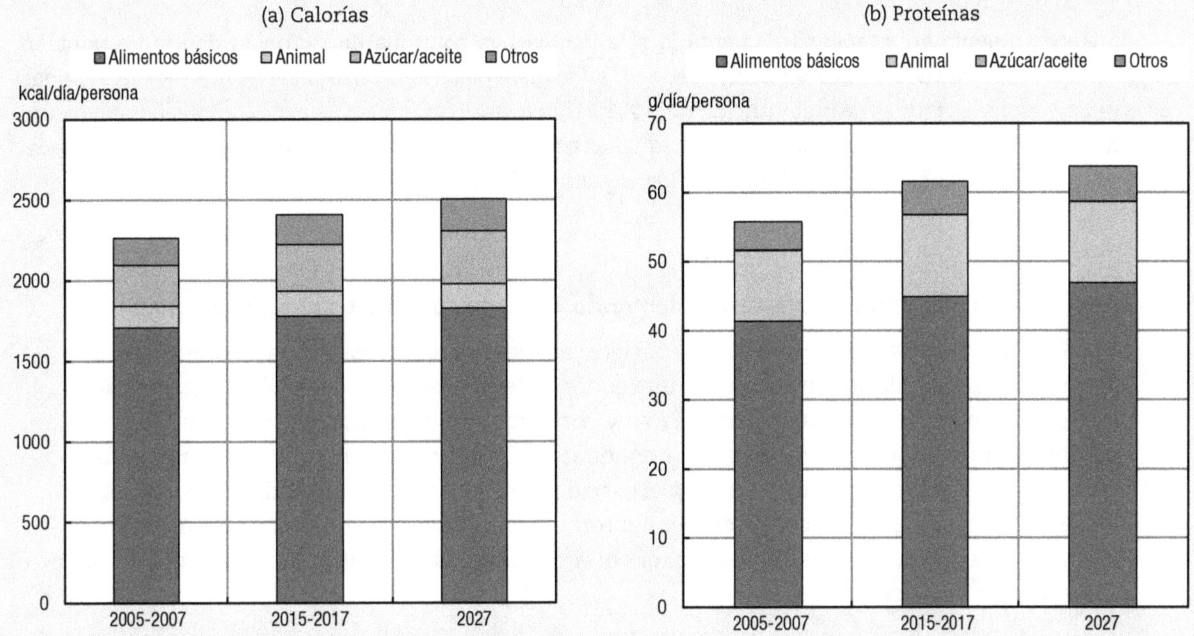

Fuente: OCDE/FAO (2018), "OCDE-FAO Perspectivas Agrícolas", *Estadísticas de la OCDE sobre agricultura* (base de datos), *http://dx.doi.org/10.1787/agr-outl-data-en.*

StatLinks http://dx.doi.org/10.1787/888933848189

Las perspectivas macroeconómicas para los PMA proyectan un aumento anual de 3% del ingreso per cápita durante la próxima década. Se espera que esta tasa sustente un crecimiento posterior de la disponibilidad calórica de los PMA, aunque a un ritmo más lento. En la década pasada, la disponibilidad calórica diaria aumentó 115 kcal, a 2415 kcal/día. En la próxima década, se prevé que la disponibilidad calórica diaria de los PMA aumentará en 85 kcal, para llegar a 2505 kcal/día de aquí a 2027. Esa cifra es 30% inferior al nivel previsto en los países desarrollados, que deberán alcanzar 3482 kcal/día para 2027.

El aumento de la disponibilidad calórica no solo se ha visto limitado, sino que también se distribuyó inequitativamente entre países y regiones, y así se mantendrá. En los PMA asiáticos, se estima que la disponibilidad calórica llegará a casi 2700 kcal/día, en tanto que en los PMA africanos se espera que alcance únicamente 2450 kcal/día para 2027, pese a que su tasa de crecimiento es mayor. La disponibilidad de alimentos en los PMA de Oriente Medio y África del Norte bajó en años recientes, pero también se espera que se recupere de un promedio actual de 2270 kcal/día a 2420 kcal/día de aquí a 2027.

Se prevé que los alimentos básicos (cereales, legumbres, raíces y tubérculos) seguirán siendo la principal fuente de calorías en los PMA, aunque su proporción disminuirá paulatinamente a 73% en 2027,

Recuadro 1.2. **Perspectivas del consumo de alimentos y nutrición en los países menos adelantados** *(cont.)*

en comparación con 75% del periodo 2005-2007. Se espera que la energía alimentaria adicional provenga de un mayor consumo de azúcar y grasas, que se predice aumentarán su proporción de 12% en 2015-2017 a 13% en 2027.

Se esperan aun menores avances en la ingesta de proteínas. La disponibilidad promedio de proteínas se mantendrá en alrededor de 64 gramos al día en 2027, sobre todo de cereales, y la disponibilidad de proteína animal de alta calidad llegará únicamente a cerca de 12 gramos al día. Los consumidores de los PMA seguirán teniendo acceso a solo una variedad limitada de alimentos y, por tanto, su dieta continuará careciendo de diversidad de macronutrientes y de micronutrientes esenciales, lo cual aumenta la carga de los persistentes déficits calóricos.

El lento aumento en la energía alimentaria y la perspectiva continua de nutrición deficiente también sugieren que muchos PMA no podrán cumplir con el Objetivo de Desarrollo Sostenible de las Naciones Unidas de erradicar todas las formas de malnutrición para 2030. Para lograrlo se requeriría avanzar considerablemente en reducir los conflictos y a la vez ayudar a las pequeñas explotaciones agrícolas a mejorar su producción local y a lograr resiliencia ante el cambio climático y los impactos relacionados con el clima.

Los usos no alimentarios afectan la demanda de varios productos básicos agrícolas

Para la mayoría de los productos básicos agrícolas analizados en las *Perspectivas*, la demanda de usos alimentarios predomina sobre la demanda general. No obstante, los usos no alimentarios, en particular para forraje y combustibles, son importantes en el caso de varios productos básicos agrícolas y a menudo muestran tasas de crecimiento más rápidas que las de la demanda de alimentos. En el caso del forraje, esto se mantendrá en la próxima década. En cambio, los biocombustibles fueron un factor que estimuló en gran medida la demanda de productos básicos agrícolas en la década pasada, aunque el crecimiento se desacelerará en la siguiente.

Forraje: un porcentaje creciente de la producción mundial de cultivos se dirigirá al uso como forraje

En el periodo 2015-2017 la demanda mundial de forraje fue de 1.6 miles de millones de toneladas (Mmt) y se espera que aumente a 1.9 Mmt para 2027, a una tasa anual de crecimiento de aproximadamente 1.7%. Por consiguiente, se espera que la demanda de forraje crezca más rápido que la demanda de los diversos productos básicos mostrados en la Figura 1.11, y mucho más rápido que la demanda de cereales para uso alimentario, para la cual se prevé un crecimiento de 1.1% anual. Este crecimiento generará cerca de 260 Mt de forraje adicional para 2027, cifra ligeramente menor que el incremento de la década anterior, en la que la demanda aumentó más de 300 Mt. La demanda de forraje también superará el incremento de la demanda de carne, lo cual señala que su producción se intensificará.

El principal conjunto de productos básicos agrícolas utilizados para forraje consta de maíz, harina proteica, otros cereales secundarios (en especial cebada y sorgo), trigo y productos derivados del procesamiento de los cereales, como el salvado. Como se aprecia en la Figura 1.11, el maíz y la harina proteica seguirán siendo los productos básicos más importantes para forraje, y para 2027 representarán 60% de este (por encima de 58% del periodo base). Se espera que durante el periodo de las perspectivas la demanda de maíz para forraje se eleve 21%, y la de harina proteica, 23% (a un ritmo mucho más rápido que otros productos básicos utilizados como forraje).

Las proyecciones para la harina proteica, que se deriva de la trituración de semillas oleaginosas, dependerán de lo que suceda en los sistemas de uso de forraje y en las políticas agrícolas. Por ejemplo, se prevé que la demanda total de los PMA subirá alrededor de 45% entre 2015-2017 y 2027, como reflejo de la intensificación de la producción ganadera a medida que estos países cambien a una producción compuesta basada en forraje. Sin embargo, se prevé que el crecimiento de la demanda mundial de harina proteica será menor que la tasa anual promedio de la última década (1.7% en comparación con 4.2%). Esa alta tasa de crecimiento se debió en gran parte a China, país en el que la intensificación de la producción de carne coincidió con un alto precio de garantía para los granos. Eso desalentó el uso del maíz como forraje. La reducción de los precios de garantía del maíz en China desde 2016 significa que el maíz será una parte más importante de la mezcla de forraje china en la próxima década.

Los patrones de crecimiento generales de la demanda de forraje variarán en las diferentes regiones geográficas. Alrededor de 30% de la demanda de forraje adicional se originará en China, donde se espera que la demanda de este producto se incremente 25% durante el periodo de las perspectivas. También se prevé un fuerte aumento de la demanda de forraje en Oriente Medio y África del Norte (+29%, que se prevé representará alrededor de 10% de la demanda mundial adicional), así como Brasil (+25%) e India (+31%). Las tasas de crecimiento de la Unión Europea y Estados Unidos durante el periodo de las perspectivas serán considerablemente menores: 0.4% y 11%, respectivamente. En el caso de la Unión Europea, esta tasa refleja la disminución proyectada en el consumo interno de carne en el mismo periodo.

Figura 1.11. **Demanda de forraje**

(a) Por componente de forraje

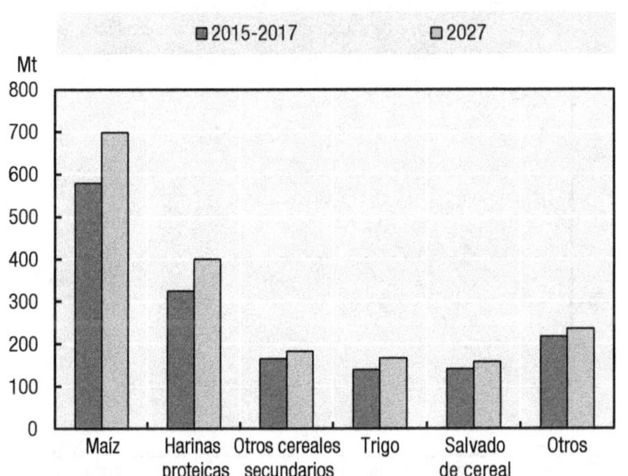

(b) Por región

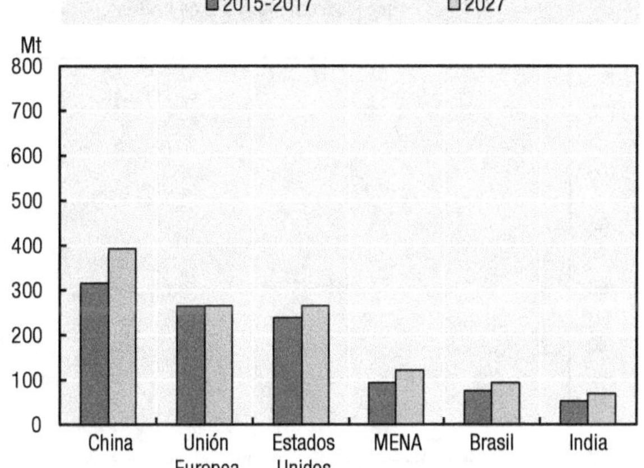

Nota: MENA: Oriente Medio y África del Norte.

Fuente: OCDE/FAO (2018), "OCDE-FAO Perspectivas Agrícolas", *Estadísticas de la OCDE sobre agricultura* (base de datos), *http://dx.doi.org/10.1787/agr-outl-data-en.*

StatLinks http://dx.doi.org/10.1787/888933848208

Combustibles: el crecimiento en Brasil y en productores emergentes

Los productos básicos agrícolas no solo se utilizan como alimento y forraje, sino también como combustible en forma de biocombustibles, por ejemplo, etanol, a partir sobre todo de maíz y caña de azúcar, y biodiésel, producido mayormente a partir del aceite vegetal. La evolución de los biocombustibles es muy sensible a los posibles cambios de políticas, así como a la demanda general de combustibles para transporte, que a su vez depende del precio del petróleo crudo. En muchos países, las normativas obligatorias de mezcla imponen un porcentaje mínimo de etanol y biodiésel para utilizarse en combustibles para transporte. Por consiguiente, la relación entre los precios del petróleo y los precios de los biocombustibles es compleja, según se explica en detalle en el Recuadro 1.3. Las proyecciones base incluidas en las *Perspectivas* parten de las políticas en vigor en las principales regiones, y evidentemente son susceptibles a los cambios en ese entorno político.

En la segunda mitad de la década de 2000, varias políticas empezaron a estimular la producción de biocombustibles, lo que generó un fuerte incremento de la producción mundial de etanol y biodiésel. Como resultado, un porcentaje creciente de la producción mundial de caña de azúcar y maíz se utilizó para producir etanol, en tanto que un creciente porcentaje de aceite vegetal, se usó para producir biodiésel (Figura 1.12). Esta expansión de los biocombustibles inducida por las políticas públicas fue un gran impulsor de la demanda de maíz, caña de azúcar y aceite vegetal durante la última década.

Se espera que durante los próximos 10 años se estabilice la demanda de estos productos básicos como insumos para la producción de biocombustibles, pues no se prevé que las normativas obligatorias de mezcla aumentarán a un ritmo similar al de los últimos 10 años. Por tanto, se prevé que la producción de biocombustibles crecerá más lentamente durante la próxima década. En los últimos 10 años, la producción mundial de etanol se incrementó en 64 mil millones de litros (Mml), lo que equivale a un alza de 3.9% anual; durante los próximos 10 años, únicamente se prevé un incremento de 12 Mml (0.7% anual). En el caso del biodiésel, en la última década hubo un aumento de 29 Mml (9.5% anual), en tanto que durante el periodo de las perspectivas se espera solo un incremento de 5 Mml (0.4% anual).

Figura 1.12. **Biocombustibles y demanda de materias primas, 2000-2027**

(a) Producción mundial de etanol y biodiésel

(b) Biocombustibles como porcentaje del uso total

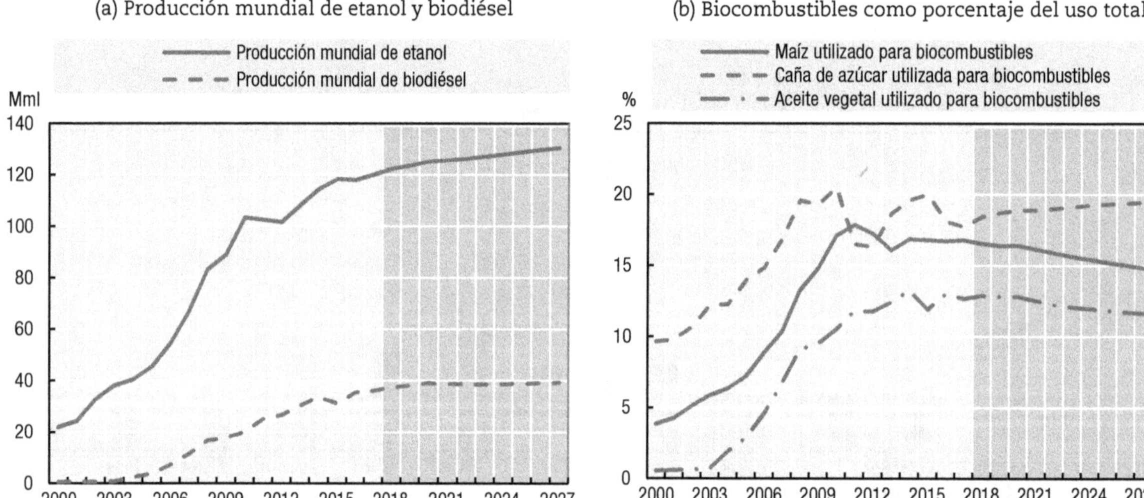

Fuente: OCDE/FAO (2018), "OCDE-FAO Perspectivas Agrícolas", *Estadísticas de la OCDE sobre agricultura* (base de datos), *http://dx.doi.org/10.1787/agr-outl-data-en.*

StatLinks *http://dx.doi.org/10.1787/888933848227*

La composición de la demanda de biocombustibles también se está orientando hacia los países en desarrollo, los cuales implementan cada vez más políticas que favorecen el mercado interno de biocombustibles. En el caso del etanol, los principales mercados son Estados Unidos, Brasil, China y la Unión Europea. Se espera que la baja en la demanda de combustibles para transporte disminuya la demanda de etanol en Estados Unidos y la Unión Europea, en tanto que en Brasil, China y Tailandia se espera un fuerte crecimiento, alentado por políticas públicas favorables. La demanda de China podría aumentar aún más con la implementación de la nueva normativa obligatoria de etanol propuesta para ese país (la cual se analiza en el capítulo sobre biocombustibles). En general, 84% de la demanda de etanol adicional de la próxima década provendrá de los países en desarrollo.

En el caso del biodiésel, los mercados principales son la Unión Europea, Estados Unidos, Brasil, Argentina e Indonesia. Al igual que con el etanol, se espera que la demanda baje en la Unión Europea y Estados Unidos, lo cual disminuirá la demanda de aceite vegetal como materia prima. En cambio, se prevé un incremento en Brasil, Argentina, Indonesia y otros países en desarrollo, impulsado de nuevo principalmente por medidas de políticas públicas favorables.

Alimentación, forraje y combustibles: fuentes competidoras de la demanda de cereales

Además de constituir una fuente de calorías importante y de relativamente bajo costo, los cereales se utilizan mucho para forraje y combustibles, en gran parte debido a la facilidad con que pueden procesarse en otras formas. Esta versatilidad implica también que el consumo alimentario de los cereales puede competir con los usos no alimentarios, especialmente cuando estos últimos aumentan con rapidez.

Como se aprecia en la Figura 1.13, entre 2005-2007 y 2017, la demanda mundial de cereales subió cerca de 520 Mt hasta llegar a cerca de 2.6 Mmt. Durante la próxima década, la demanda crecerá alrededor de 360 Mt, pero la composición de este crecimiento de demanda está cambiando. Si bien el combustible fue un componente fundamental de dicho incremento en la última década (contribuyó con más de 120 Mt a la demanda), ya no se espera que esto suceda durante el periodo de las perspectivas. En cambio, los usos para alimentos y forraje impulsan el crecimiento y en conjunto representan casi toda la demanda adicional durante la próxima década.

En el panel (b) se presenta la demanda de cereales por cultivo. En la última década, el maíz representó casi 330 Mt de los 520 Mt de demanda de cereales adicional, es decir, más de 60%. Durante el periodo de las perspectivas, la demanda de maíz crecerá 164 Mt, lo que representa solo 46% del incremento de la demanda. Esta desaceleración del crecimiento coincide con el cambio en los mercados de biocombustibles durante la próxima década. En los casos del arroz y el trigo, se espera que el aumento de la demanda sea más sólido, con una demanda de trigo adicional de 97 Mt y una demanda de arroz adicional de 66 Mt,

Figura 1.13. **Demanda mundial de cereales, 2008-2027**

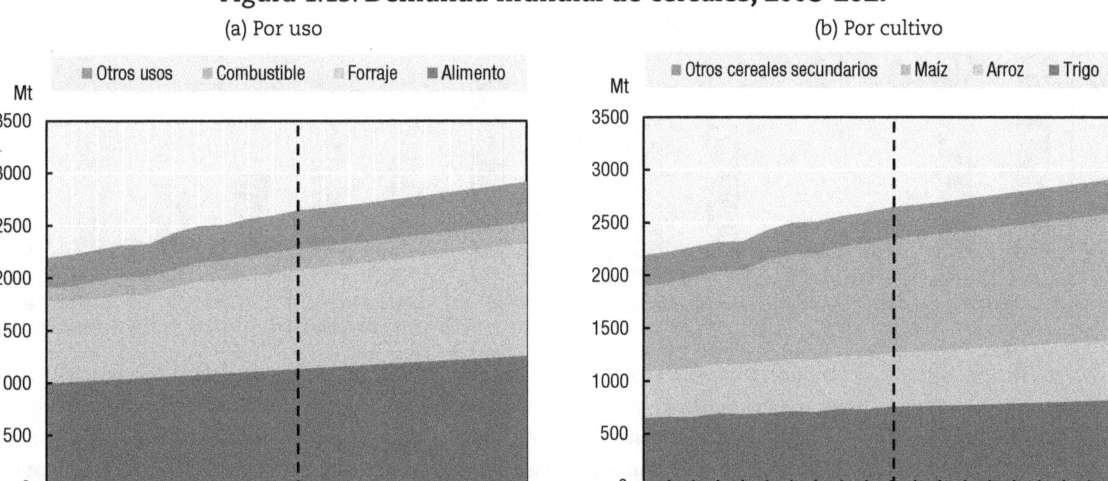

Nota: En *Perspectivas Agrícolas* la demanda se mide en términos de la disponibilidad y, por tanto, no se toman en cuenta los desechos.

Fuente: OCDE/FAO (2018), "OCDE-FAO Perspectivas Agrícolas", *Estadísticas de la OCDE sobre agricultura* (base de datos), *http://dx.doi.org/10.1787/agr-outl-data-en.*

StatLinks http://dx.doi.org/10.1787/888933848246

en su mayor parte para uso alimentario. Después de la demanda estacionaria de la década pasada, se espera un interés renovado en otros cereales secundarios, que se prevé crecerán más de 32 Mt durante la próxima década. Por consiguiente, las tendencias previstas en los cereales reflejan las tendencias de la demanda de alimentos, forraje y combustibles.

Producción

Si bien la década pasada se caracterizó por una sólida demanda y altos precios agrícolas, que generaron un fuerte incremento de la producción de todos los productos básicos, en la próxima década la producción agrícola mundial crecerá con mayor lentitud. Conforme al actual conjunto de supuestos, se espera que la producción agrícola y pesquera aumente 1.5% al año durante la década venidera, o un crecimiento total de 16% durante el periodo de las perspectivas. La mayor parte de dicho crecimiento se deberá al incremento de la productividad, sin un aumento importante en el uso de tierra agrícola en el ámbito mundial, aunque esta situación varía por producto básico y por región. A continuación se analizan en detalle las tendencias en las principales regiones productoras.

La producción agrícola crecerá con pocos cambios en el uso mundial de la tierra

La tierra es un insumo fundamental para la producción agrícola, tanto en el caso de los cultivos arables como en el de las pasturas. El incremento de la producción agrícola puede ser resultado de dedicar más tierra para ese fin, o al incrementar el rendimiento por unidad de tierra. Como el uso de la tierra se define sobre todo de acuerdo con las características agroecológicas, la disponibilidad de tierra agrícola y la proporción relativa de la tierra de cultivo comparada con la de pastura difiere mucho entre las distintas regiones (Figura 1.14). Se estima que desde 1960 la tierra agrícola mundial ha aumentado alrededor de 10%, y que la mayor parte de este incremento ocurrió antes de 1990 para permanecer estable desde entonces. Se prevé que, en el mundo, esta relativa estabilidad se mantendrá durante la próxima década.

Figura 1.14. **Uso de la tierra en la agricultura mundial, 2015-2017 y 2027**

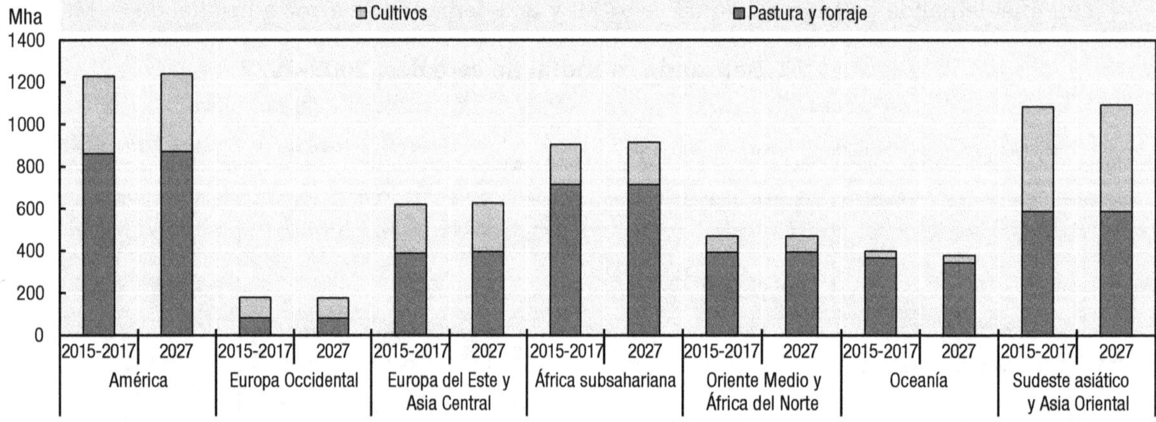

Nota: Europa Occidental incluye la Unión Europea, Noruega y Suiza; Europa del Este y Asia Central incluye la Federación de Rusia, Ucrania, Kazajstán, Turquía, Israel, algunos países de menor tamaño de Europa del Este no pertenecientes a la Unión Europea y algunos países de menor tamaño de Asia Central; Oriente Medio y África del Norte conforman la región de MENA, como se define en el Capítulo 2; Oceanía incluye Australia, Nueva Zelanda y algunos países de menor tamaño de la región; el Sudeste asiático y Asia Oriental incluye todos los demás países.

Fuente: OCDE/FAO (2018), "OCDE-FAO Perspectivas Agrícolas", *Estadísticas de la OCDE sobre agricultura* (base de datos), *http://dx.doi.org/10.1787/agr-outl-data-en.*

StatLinks http://dx.doi.org/10.1787/888933848265

La tierra para pastura, utilizada para rumiantes herbívoros como el ganado, ovejas o cabras, se concentra sobre todo en tres regiones: América, con más de un cuarto de la tierra para pastura del mundo; África subsahariana, con 21% de esta tierra, y el Sudeste asiático y Asia Oriental, con 17%. Mientras que América y el Sudeste asiático y Asia Oriental también encabezan la producción mundial de carne de rumiante (en 2015-2017 produjeron en conjunto más de 60% de la oferta mundial), África subsahariana solo aporta alrededor de 8%. Este bajo porcentaje señala la naturaleza reducida y en gran parte tradicional del sector. En cambio, Europa Occidental representa el porcentaje más bajo de pastura mundial (2%) y, sin embargo, en 2015-2017 representó 11% de la producción mundial de carne de rumiante, lo que destaca la naturaleza industrial de la producción de carne en las economías avanzadas de esa región.

Los cambios en la producción de carne de rumiante no se acompañarán de los cambios correspondientes en la superficie mundial de pastura durante el periodo de las perspectivas. Si bien se prevé que la producción mundial aumentará 16% para la carne de vacuno, y 21% para la carne de bovino —en gran parte debido a los incrementos de la producción de América, el Sudeste asiático y Asia Oriental, y África subsahariana—, la distribución de la tierra para pastura permanecerá sin grandes cambios. Más aún, se espera que el sector de la carne de no rumiantes, que no requieren pastura, también crezca durante la próxima década, con un incremento de la producción mundial de carne de aves de corral y de cerdo de 18% y 11%, respectivamente.

Cerca de la mitad de la tierra de cultivo del mundo se dedica a los cereales y las semillas oleaginosas. Por las restricciones de tierra arable, no se espera que la superficie total de cultivo cambie de manera importante durante la próxima década, por lo que aumentar la productividad resultará esencial para sostener el crecimiento de la producción de cultivos. No obstante, los cambios en la distribución de la superficie y los rendimientos variarán entre los diferentes cultivos y regiones. Para el maíz y otros cereales, la mayor parte del incremento de la producción provendrá de rendimientos más altos y no de un mayor uso de tierra (excepto el maíz de América Latina). En el caso de otros cultivos, la soya en particular, el uso de tierra será más importante, pues se espera que en América Latina (Brasil, Argentina) aumenten la superficie y la intensidad de los cultivos (Figura 1.15).

Figura 1.15. **Tierra de pastura y producción de carne de rumiante por región**

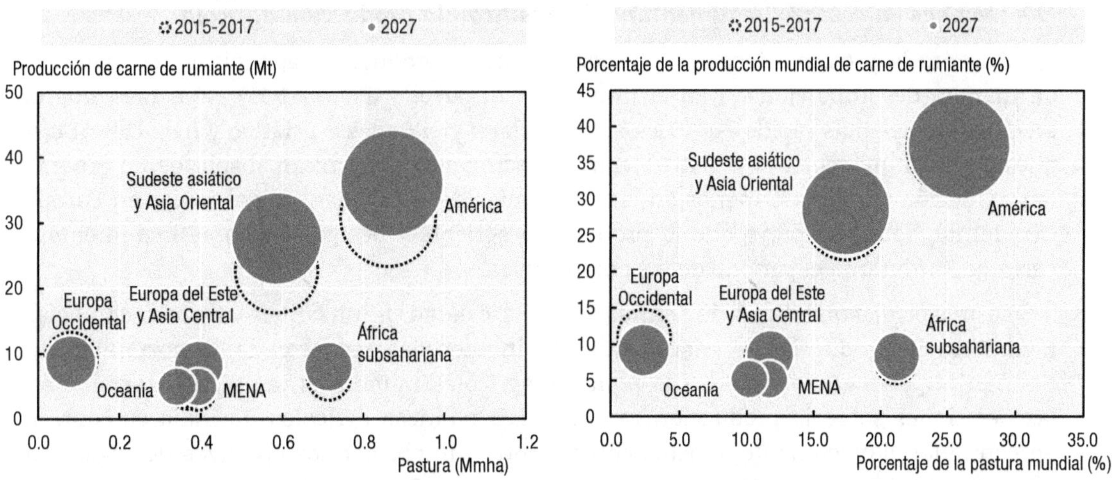

(a) Niveles

(b) Porcentajes mundiales

Nota: MENA: Oriente Medio y África del Norte. El tamaño de cada burbuja es proporcional al nivel de producción de carne de rumiante de la región.

Fuente: OCDE/FAO (2018), "OCDE-FAO Perspectivas Agrícolas", *Estadísticas de la OCDE sobre agricultura* (base de datos), *http://dx.doi.org/10.1787/agr-outl-data-en.*

StatLinks *http://dx.doi.org/10.1787/888933848284*

Se prevé que los rendimientos se elevarán con mayor rapidez en África subsahariana, aunque a partir de una base baja, con altas tasas de crecimiento en prácticamente todos los cultivos. Esta tendencia señala el potencial de producción de la región, pero también de los rendimientos relativamente bajos experimentados ahora en casi todos los productos básicos más importantes. En comparación, en Europa Occidental y América se registrarán tasas de aumento del rendimiento más moderadas, pues la productividad ya es alta en la mayoría de los cultivos. En la Figura 1.16 se muestra que para 2027 el rendimiento del maíz alcanzará 8.0 toneladas por hectárea (t/ha) en Europa Occidental y 8.6 t/ha en América, en comparación con solo 2.5 t/ha en África subsahariana.

Figura 1.16. **Tendencias en tierra de cultivo y rendimiento de maíz y soya**

(a) Maíz

(b) Soya

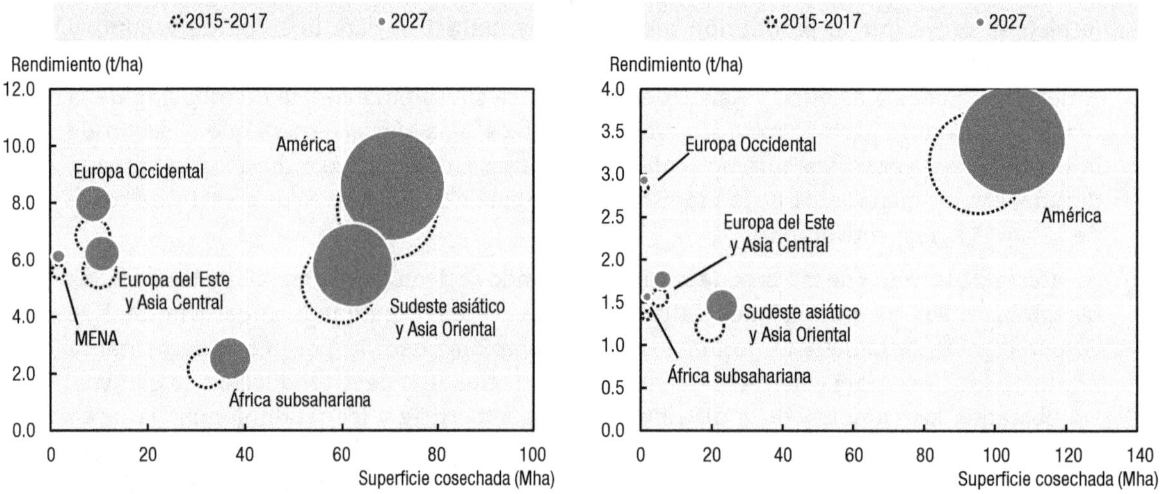

Nota: MENA: Oriente Medio y África del Norte. El tamaño de cada burbuja es proporcional al nivel de producción de cultivos de la región.

Fuente: OCDE/FAO (2018), "OCDE-FAO Perspectivas Agrícolas", *Estadísticas de la OCDE sobre agricultura* (base de datos), *http://dx.doi.org/10.1787/agr-outl-data-en.*

StatLinks *http://dx.doi.org/10.1787/888933848303*

Las regiones en desarrollo aumentan e intensifican la producción agrícola

Durante la próxima década, la expansión de la producción agrícola se concentrará de manera desproporcionada en el mundo en desarrollo (Figura 1.17). Se espera que el crecimiento sea más rápido en África subsahariana y el Sudeste asiático y Asia Oriental, y que en esta última región se registre el mayor crecimiento en términos absolutos. En general, la producción aumentará menos en las economías desarrolladas, en particular en Europa Occidental, donde se prevé que la producción agrícola y pesquera solo se incrementará cerca de 3% durante el periodo de las perspectivas.

La mayor disponibilidad de semillas de alta calidad, fertilizantes y otras tecnologías favorecerá la producción, en tanto que las inquietudes respecto de la sostenibilidad podrían imponer restricciones. Las políticas agrícolas mundiales también determinarán las decisiones sobre la producción mundial. Las políticas agrícolas de India se centran en estimular el crecimiento agrícola con el fin de cumplir con los objetivos de seguridad alimentaria nacional, mientras que otros países, como China y Argentina, se acercan más a los mercados mundiales. Como dichas tendencias no afectan a todas las regiones ni a todos los productos básicos de la misma manera, a continuación se analizan con mayor detalle los factores subyacentes a estas tendencias regionales.

Figura 1.17. **Tendencias regionales en la producción**

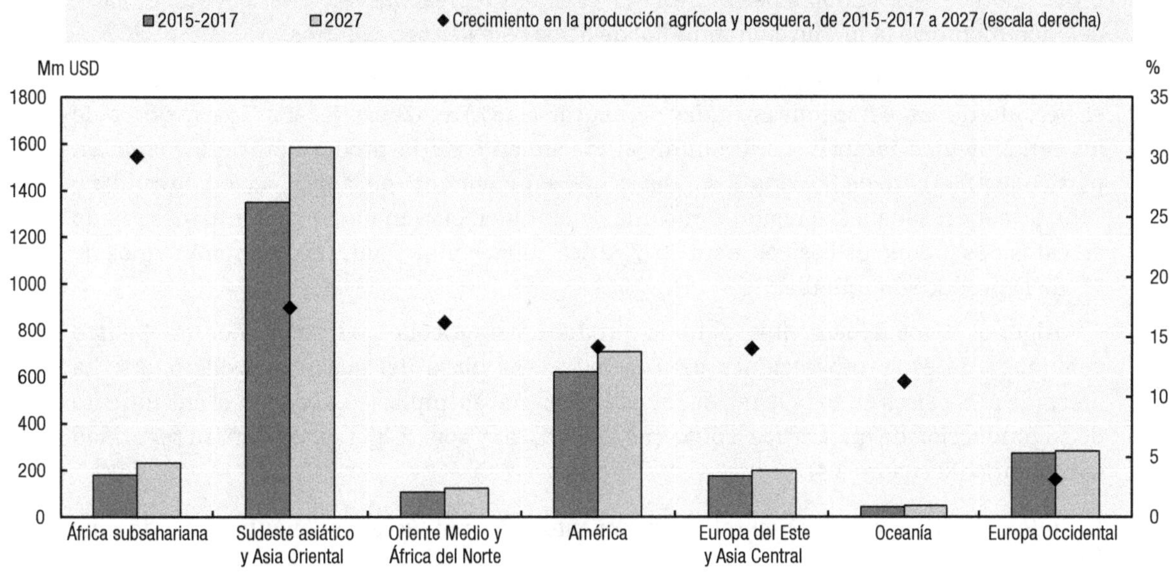

Nota: En la figura se muestra el valor neto estimado de la producción agrícola y pesquera, en miles de millones (Mm) de dólares estadounidenses (USD), medido a precios constantes de 2004-2006. Las regiones se definen como en la Figura 1.14.

Fuente: OCDE/FAO (2018), "OCDE-FAO Perspectivas Agrícolas", *Estadísticas de la OCDE sobre agricultura* (base de datos), *http://dx.doi.org/10.1787/agr-outl-data-en.*

StatLinks *http://dx.doi.org/10.1787/888933848322*

África subsahariana: ganancias en productividad de los alimentos básicos

Pese a que representa más de 13% de la población mundial y cerca de 20% de la tierra agrícola del mundo, el porcentaje de producción agrícola mundial de África subsahariana es relativamente bajo. Su producción se restringe por condiciones agroecológicas difíciles, por el acceso y uso limitados de la tecnología, y porque en muchos casos el crecimiento económico se mantiene por delante del aumento de la población solo de manera marginal. Entre los productos básicos analizados en las *Perspectivas*, su producto básico más importante es "Otros cereales secundarios" (como mijo, sorgo y tef), de los cuales hoy África subsahariana aporta 14% de la producción mundial.

No obstante, para la próxima década se espera un sólido crecimiento de la producción agrícola. La producción de cultivos aumentará 30%, en tanto que la carne, los lácteos y el pescado crecerán 25%, 25% y 12%, respectivamente. Este aumento de la producción se acompañará del incremento de la superficie para el maíz, la soya y la caña de azúcar, así como de la mejora generalizada de la productividad. Los fertilizantes, pesticidas, semillas mejoradas y otras tecnologías, como la mecanización y el riego, tienen el potencial de introducir ganancias importantes en productividad, pues la adopción suele ser baja entre las unidades de producción de pequeña escala que caracterizan a la región.

Incluso con el fuerte crecimiento previsto, la seguridad alimentaria regional seguirá dependiendo de los mercados mundiales, ya que la capacidad de producción interna continuará siendo insuficiente para cubrir las crecientes necesidades de consumo de la región. Al mismo tiempo, los países africanos se convirtieron en proveedores regionales de algunos productos básicos. Un ejemplo es el maíz, del cual Zambia produce un excedente exportable de manera constante. Otro ejemplo es el aceite vegetal, pues los países de África Occidental buscan promover sus sectores de aceite de palma y la producción crece con rapidez, sobre todo en Nigeria. Se espera que las mejoras en rendimientos contribuyan a un crecimiento de 22% en la producción de aceite de palma en África subsahariana durante el periodo de las perspectivas. De igual manera, las mejoras en los rendimientos de la producción de tef en Etiopía permitirán que este país represente cerca de una quinta parte del incremento de la producción mundial de otros cereales secundarios.

También se prevé un sólido incremento de la producción de algodón (+33% durante el periodo de las perspectivas), caña de azúcar (+18%) y azúcar (+34%). Las mejoras de los rendimientos también contribuirán al crecimiento de la producción de algodón, en particular en el caso de Burkina Faso. Pese a que el incremento de la producción de azúcar y caña de azúcar señala a la región como una de las que registran un crecimiento más rápido en estos dos productos básicos, para 2027 África subsahariana aún representará menos de 5% de la producción mundial.

Algunos retos emergentes para la producción agrícola podrían poner en peligro cualquiera de estas proyecciones para la región. La plaga del gusano cogollero, que ha afectado a 28 países en toda la región, puede tener graves implicaciones para el crecimiento de su producción de maíz, arroz, sorgo, caña de azúcar y soya, y, por extensión, su seguridad alimentaria (Recuadro 1.4).

El Sudeste asiático y Asia Oriental: el crecimiento de la producción se mantiene fuerte ante los retos de la sostenibilidad

El Sudeste asiático y Asia Oriental (que incluye China, India, Japón, Corea y los países del Sudeste asiático) es el principal productor mundial de una gama de productos agrícolas. Pese a que enfrenta serias limitaciones relacionadas con la escasez de tierra, agua y mano de obra, la región representa casi 40% de la producción mundial de cereales (que incluye cerca de 90% de la producción mundial de arroz); cerca de 40% de la producción mundial de carne; más de la mitad del suministro de aceite vegetal, y cerca de 70% de la producción mundial de pescado, tanto de captura como acuícola.

Es probable que en la próxima década surjan nuevos retos, en particular la necesidad de reconciliar los altos niveles de producción con normas cada vez más estrictas para una producción sostenible. No obstante, se espera que durante el periodo de las perspectivas la producción agrícola y pesquera de la región aumente 17%.

Las mejoras de los rendimientos serán la base para una gran parte del incremento de la producción de cultivos, con un crecimiento durante el periodo cubierto por las perspectivas del rendimiento del trigo de 10%, de 12% en el maíz y el arroz, 15% en el algodón y 20% en la soya. Si bien estas cifras coinciden con las tendencias mundiales, se espera que el rendimiento de las semillas oleaginosas se eleve con fuerza en India, resultado de la inversión en tecnologías de producción e información como eNAM, plataforma electrónica para los productos básicos agrícolas. Se prevé que la producción y trituración de las oleaginosas se incrementará a medida que India se esfuerce por cubrir la creciente demanda de aceite vegetal.

Indonesia y Malasia seguirán suministrando la mayor parte del aceite vegetal producido a partir del aceite de palma. Se prevé que se intensificará la producción de las actuales plantaciones de aceite de palma, pues hay escasas posibilidades de ampliar la superficie, en especial por la presión ejercida en todo el mundo para mejorar la sostenibilidad de la producción de este aceite.

El Sudeste asiático y Asia Oriental se mantendrán como un importante proveedor mundial de dos productos básicos, carne y lácteos, que para 2027 representarán 39% y 44%, respectivamente, de la producción mundial. Se prevé que la producción de lácteos aumentará 41% durante el periodo de las perspectivas, con un incremento de 44% en la mantequilla y 40% en la leche. La producción de carne subirá 18%. China, India y Tailandia encabezarán el incremento de la producción de carne de aves de corral y carne de bovino, aunque la de cerdo crecerá más lentamente por la desaceleración de la producción de China.

La producción de pescado de captura y acuicultura aumentará 15% en el Sudeste asiático y Asia Oriental, a pesar de los planes de China de reducir la producción pesquera durante la próxima década e implementar prácticas sostenibles en el sector. Si se instaura por completo el plan quinquenal 13° de China, la pesca de captura de este país disminuirá cerca de 29% para 2027 y la acuicultura se incrementará 20%, en vez del 31% que correspondería de no ponerse en marcha el plan. Con una capacidad mundial limitada para cerrar la brecha de producción de China conforme al plan quinquenal, se ejercerá mayor presión sobre los precios mundiales del pescado (como se aborda en mayor detalle en el capítulo sobre pescado y mariscos).

China también encabeza el incremento de la producción de biocombustibles de la región; se espera que China se convierta en el tercer mayor productor de etanol del mundo, con una producción de 11 Mml en 2027. Cerca de la mitad de dicha producción se dirigirá a los biocombustibles y el resto a usos industriales. Esta proyección no toma en cuenta el posible efecto de una nueva normativa obligatoria de etanol E10 recién propuesta para todo el país. De implementarse, esto elevaría la producción de etanol de China a 29 Mml en 2027, cantidad similar a la producción esperada de Brasil. (En el capítulo de biocombustibles se analizan con mayor detalle los posibles impactos de dicha normativa.) También se prevé que Tailandia participará de manera prominente en los mercados regional y mundial de etanol al producir 3.2 Mml en 2027. En el caso del biodiésel, Indonesia continuará siendo el principal productor de la región (4.3 Mml en 2027).

En India, los responsables de la formulación de políticas públicas se centran en promover el crecimiento agrícola para cumplir con los objetivos nacionales de seguridad alimentaria, y es probable que las políticas se orienten a estimular la inversión en el sector agrícola interno, tanto por medio de la protección contra la competencia de importaciones como mediante aranceles a las importaciones y apoyo a los productores. Si bien es posible que las políticas de India impacten en la producción interna más que los mercados mundiales, es probable que las políticas de China, sobre todo respecto de los cereales, afecten los mercados mundiales por medio de movimientos de precios, liberación de existencias y regulaciones de importación. La reducción de los precios de garantía del maíz desde 2016 tendrá implicaciones en la próxima década para la producción nacional y mundial de maíz, soya y otros cereales secundarios.

Oriente Medio y África del Norte: se prevé que la mejora del crecimiento económico estimulará la producción agrícola

Históricamente, el sector agrícola de Oriente Medio y África del Norte se ha visto limitado por condiciones agroecológicas desfavorables para la producción de cultivos, así como por la inestabilidad política. No obstante, se prevé que durante la próxima década la región entrará en un periodo de mejora del crecimiento económico, que deberá sustentar un crecimiento de 16% en la producción agrícola y pesquera durante ese periodo. El incremento de la producción agrícola dependerá de la innovación para elevar el crecimiento de la productividad ante la escasez de agua y de tierra cultivable en toda la región.

Las actividades ganaderas representan la principal fuente de valor agrícola agregado de la región, y la producción regional de carne y lácteos recae sobre todo en Irán y Egipto. La carne de aves de corral es el principal tipo de carne producida por estos países, cada uno de los cuales se orientará a lograr un gran crecimiento y mejora de la productividad durante la próxima década. La producción de leche, maíz y semillas oleaginosas se elevará a tasas más rápidas que las observadas en la década anterior. No obstante, la región se mantendrá como importadora neta de estos y de la mayoría de los productos básicos más importantes, por sus diversas restricciones relacionadas con la producción.

En el Capítulo 2 se proporcionan mayores detalles sobre las tendencias de producción de la región, así como un análisis profundo del sector agrícola con proyecciones desglosadas para casi todos los países de la región.

América: los sectores agrícolas orientados a la exportación responden a la demanda mundial

Junto con el Sudeste asiático y Asia Oriental, América es el principal productor de la mayoría de los productos básicos analizados en las *Perspectivas*. La región representa cerca de 90% de la producción mundial de soya y tiene grandes porcentajes de la producción mundial de cereales (28%), en concreto el maíz (52%). La región es una gran productora de productos básicos con un alto valor agregado, como harina proteica, azúcar y biodiésel, de los cuales aporta 41%, 39% y 42% de la producción mundial, respectivamente. Al aumentar la superficie cultivada y crecer la intensidad de los cultivos durante los próximos 10 años, se prevé que la producción de cultivos de la región se elevará 14%.

El aumento de superficie provocará que la producción de azúcar de Brasil, el mayor productor de este producto en el mundo, suba 1.9% anual, para contribuir a un crecimiento de 1.8% al año de la región en su conjunto. Este crecimiento ocurrirá pese a los obstáculos para la replantación y la competencia entre la producción de etanol basada en azúcar y la basada en caña de azúcar, pues Brasil es también un líder mundial de la producción de biocombustibles. Se prevé que la producción de etanol de Brasil aumentará 1.5% anual durante el periodo de las perspectivas. No obstante, su participación mundial bajará de 90% a 88% por el rápido incremento de la producción en Asia.

La producción mundial de soya seguirá dominada por Estados Unidos y Brasil. En Brasil, una mayor intensidad de los cultivos sostendrá su posición, pues obtiene soya como segundo cultivo en tierra sembrada con maíz. Estos aumentos representarán un insumo a la producción regional de lácteos y al suministro mundial de harinas proteicas y aceites vegetales. En este contexto, se espera que Colombia se convierta en exportador neto de aceite vegetal durante el periodo de las perspectivas, al aumentar su superficie de cultivo de palma aceitera, en tanto que Paraguay seguirá las tendencias de Brasil de ampliar el área dedicada a la producción de soya e incrementar la trituración de las semillas oleaginosas.

El avance de la producción de harina proteica será esencial para alimentar al creciente sector ganadero de la región. Estados Unidos y Brasil seguirán produciendo la mayor parte del suministro de carne en el mundo y los rebaños se incrementarán en ambas regiones. Se espera que la producción crezca 17% para la carne de vacuno y la de cerdo, 16% para la de aves de corral y 9% para la de bovino. Los productos animales como leche y huevo aumentarán a niveles igualmente sólidos. Se espera que la producción de pescado se eleve 9% durante el periodo de las perspectivas, con un gran crecimiento en la acuicultura (+35%), en particular en Brasil y Chile.

Europa del Este y Asia Central: creciente predominio en el mercado mundial de cereales

La producción agrícola de Europa del Este y Asia Central (región que incluye la Federación de Rusia, Ucrania, Kazajstán y Turquía como los principales productores agrícolas) aumentó con rapidez durante la década anterior debido a la recuperación económica general y a considerables inversiones en la modernización de las prácticas agrícolas. En la próxima década, la producción agrícola y pesquera se incrementará 14%.

En términos de cultivos arables, la región mantendrá su posición como segundo mayor productor de trigo, al aumentar su porcentaje de producción mundial a casi 22% para 2027.

La producción de maíz también se incrementará 17% durante el periodo de las perspectivas, aunque el porcentaje mundial de la región se mantendrá relativamente bajo (menos de 6% para 2027). Su porcentaje de la producción mundial de girasol y colza aumentará de 22% en 2015-2017 a 25% de aquí a 2027, con el apoyo de la ampliación de la superficie cultivada, la cual se compensará con la reducción de la superficie destinada a raíces y tubérculos.

Estas variaciones de la producción de cultivos se deben en gran medida a los cambios suscitados en la Federación de Rusia, donde el crecimiento de la superficie apuntala el crecimiento de la producción de soya, otras semillas oleaginosas, cereales y remolacha azucarera. Para el resto de la región, la mejora de los rendimientos contribuirá al incremento de la producción de manera desproporcionada.

La producción ganadera se elevará tanto en lo que respecta a la carne como a los productos lácteos, acompañada de un aumento de 2% en la superficie de pastura durante el periodo de las perspectivas. El sector de la carne crecerá 16% en la región, pese a que el incremento de la producción en la Federación de Rusia será mucho más lento. La producción de lácteos en la Federación de Rusia se mantendrá estable durante los próximos 10 años (tras una contracción de 0.7% anual en la década pasada). En la región en su conjunto, la producción de leche se incrementará 1.1% al año, y se prevé que el procesamiento de lácteos se centrará en la producción de queso y generará un aumento de 1.7% anual.

A diferencia de las tendencias en la Federación de Rusia, se prevé que en Turquía la producción de carne aumentará. En la producción de carne de vacuno, de bovino y de aves de corral de Turquía influirá el crecimiento del tamaño de los rebaños y las mejoras de rendimientos, en parte debido a una política de autosuficiencia para la carne roja durante el periodo de las perspectivas. Al mismo tiempo, en el sector del algodón de Turquía, uno de los que ofrecen mayor rendimiento en el mundo, también aumentará la producción, la cual se basa en semillas no modificadas genéticamente, y las mejoras del rendimiento provendrán de la mecanización, el riego y el uso de semillas mejoradas.

Oceanía: las regulaciones ambientales restringen el crecimiento del sector ganadero

Oceanía es un importante productor agrícola y exportador neto de carne, lácteos y cereales. Al igual que en casi todas las demás regiones, Oceanía incrementará la producción de sus productos básicos más importantes a un ritmo más lento que el de la década pasada.

Pese a las mejoras en productividad previstas durante la próxima década, el porcentaje mundial de carne de bovino de Australia y Nueva Zelanda bajará a medida que los países en desarrollo aumenten su producción. Esta baja relativa ocurrirá junto con una desaceleración de la producción de leche de la región, debido a limitaciones de tierra y restricciones ambientales. En consecuencia, la producción de leche de Nueva Zelanda se incrementará 1.5% anual, porcentaje menor del 3.3% al año de la década pasada. Asimismo, la región es una productora importante de LDP y LEP; en 2027, representará 17% de la oferta mundial de LDP y 27% de la de LEP.

La producción de aceite de coco se convertirá en el centro de la producción específica de los países de la región durante la próxima década, con un crecimiento anual de la producción de aceite vegetal de 2.2%. En el caso del algodón, un incremento de 16% de la superficie cultivada durante el periodo de las perspectivas sustentará el crecimiento de la producción regional. En Australia, se prevé que la producción de algodón se incrementará 23%, en parte debido a la producción de variedades genéticamente modificadas (GM).

La producción total de pescado se incrementará 19%, y seguirá desempeñando una función relevante en la seguridad alimentaria de muchos pequeños Estados insulares en desarrollo (PEID) de la región.

Europa Occidental: una alta productividad mantenida con una estricta base regulatoria y de recursos

Los países de Europa Occidental (que abarca la Unión Europea, Suiza y Noruega) tienen porcentajes significativos de la producción mundial de otros cereales secundarios (31% de la producción mundial de cebada, avena y centeno), otras semillas oleaginosas (20% de la de colza y girasol), trigo (20%), leche (21%) y carne (15%). En la próxima década se prevén bajas en estas proporciones mundiales, pues otros países y regiones muestran un crecimiento más rápido.

La reducción será notoria sobre todo en el caso del biodiésel, donde el porcentaje regional de la producción mundial bajará de 40% a 34%, ya que el rendimiento disminuirá alrededor de 4% durante el periodo de las perspectivas, en consonancia con una menor demanda de diésel. Pese a la baja en el porcentaje de la producción mundial, Europa Occidental se mantendrá como segundo mayor productor de biodiésel del mundo. En la región hay gran incertidumbre por la posible reducción de la mezcla obligatoria, que, de ponerse en práctica, reduciría drásticamente la producción.

La producción agrícola y pesquera total de la región crecerá cerca de 3% para 2027, con lo cual el incremento de la producción de la región para el periodo de la proyección será el más lento. No obstante este lento crecimiento y su limitado potencial de ampliación de la superficie de cultivo, su fortaleza como región de alta productividad y un rendimiento elevado constante le permiten mantenerse como gran proveedor mundial de numerosos productos básicos agrícolas.

Debido a que se espera que la superficie sembrada con varios cultivos, como otras semillas oleaginosas, remolacha y raíces y tubérculos, se contraiga durante el periodo de las perspectivas, el crecimiento de la producción de cultivos provendrá principalmente de las mejoras en los rendimientos, lo cual es notable para una región que ya tiene uno de los rendimientos más altos del mundo en los diferentes productos básicos. Para la producción de pescado también se prevé un aumento limitado, debido sobre todo a estrictas políticas ambientales y de gestión.

En 2017 se abolió el sistema de cuota del azúcar de la Unión Europea (UE). En el pasado, dicho sistema mantenía los precios del azúcar de la UE por encima del precio de mercado mundial, lo que a su vez limitaba la capacidad de los productores de reaccionar a estos precios más altos. La terminación anticipada del sistema de cuota provocó un incremento de 14% de la superficie de remolacha azucarera en 2017 en comparación con el año anterior; sin embargo, en la próxima década, al bajar los precios de la UE en consonancia con los de los mercados mundiales, se espera que la superficie de remolacha azucarera se contraiga de nuevo hasta llegar a niveles previos a los de 2017. Al mismo tiempo, los rendimientos de esta remolacha seguirán en aumento. El resultado neto previsto es que la producción de la remolacha azucarera en la UE crecerá 2.5% entre el periodo base (2015-2017) y 2027.

Las estrictas políticas ambientales y de gestión restringirán el crecimiento de la producción pesquera, ganadera y de lácteos. Se espera que políticas como la Directiva sobre Nitratos de la Unión Europea —que impone restricciones a los nitratos utilizados en la producción agrícola para proteger la calidad del agua— limite el incremento de la producción de leche, y a su vez la de carne de vacuno, durante el periodo de las perspectivas. Pese a la desaceleración de la producción de leche fresca, que aumentará 8% durante la próxima década (en comparación con el 10% de los 10 años pasados), la producción de LDP y LEP de la región subirá 10% y 18% de aquí a 2027. En el caso de la LEP, este crecimiento es muy superior al de la década anterior.

Comercio

La especialización entre las regiones va en aumento

Las diferencias en clima y geografía, incluida la disponibilidad de buena tierra agrícola, determinan el patrón de ventajas comparativas en la producción de diferentes productos básicos agrícolas. Junto con las diferencias en la densidad y el crecimiento demográficos, así como con factores de políticas públicas, esto determina los flujos comerciales entre las regiones. Los países con un crecimiento demográfico lento, baja densidad demográfica y recursos naturales favorables tienden a convertirse en exportadores de productos básicos agrícolas; por su parte, los países con un crecimiento demográfico rápido, mayor densidad demográfica y menos recursos naturales favorables tienden a convertirse en importadores.

En la Figura 1.18 se muestra la evolución histórica y prevista de las balanzas comerciales agrícolas por región. Dichas balanzas reflejan de manera amplia las fuerzas ya descritas, y se prevé que se acentuarán más con el tiempo en la mayoría de las regiones.

Figura 1.18. **Balanzas comerciales agrícolas por región, en valor constante, 1990-2027**

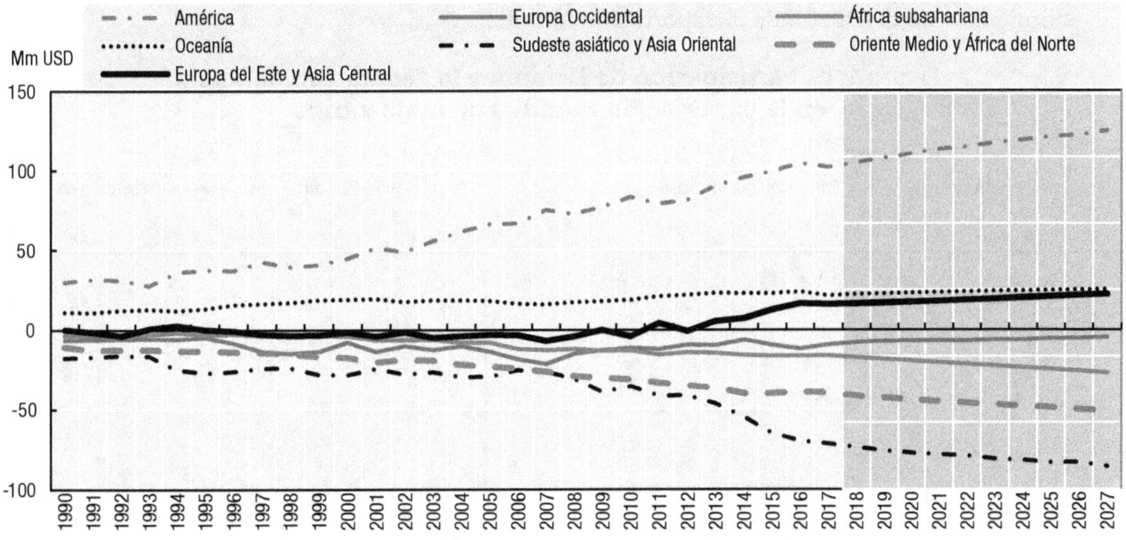

Nota: Comercio neto (exportaciones menos importaciones) de los productos básicos analizados en las *Perspectivas Agrícolas*, medido en dólares constantes de 2004-2006. Las regiones son las definidas en la sección sobre producción.

Fuente: OCDE/FAO (2018), "OCDE-FAO Perspectivas Agrícolas", *Estadísticas de la OCDE sobre agricultura* (base de datos), *http://dx.doi.org/10.1787/agr-outl-data-en.*

StatLinks http://dx.doi.org/10.1787/888933848341

Exportadores netos: los proveedores tradicionales amplían su participación de mercado en la mayoría de los productos básicos

América y Oceanía son exportadores netos tradicionales de productos básicos agrícolas. El excedente total de América se divide en partes casi iguales entre América del Norte (Estados Unidos y Canadá), y América Latina y el Caribe (sobre todo Brasil y Argentina). En Oceanía, Australia representa alrededor de 60% del excedente total y a Nueva Zelanda le corresponde el resto.

Si bien el excedente comercial agrícola de Oceanía ha permanecido estable con el tiempo, el de América creció con fuerza. Las exportaciones netas aumentaron con los años a medida que los productores respondían a una mayor demanda internacional de maíz, soya y carne, entre otros productos básicos. Se espera que la balanza comercial positiva de América siga en aumento durante el periodo de la proyección.

En años recientes, Europa del Este y Asia Central emergieron como importantes exportadores agrícolas. Cabe atribuir este cambio al mejor desempeño exportador de la Federación de Rusia y Ucrania. La Federación de Rusia cambió de importador neto a exportador neto desde 2013 aproximadamente. El comercio agrícola de Ucrania se mantuvo muy equilibrado hasta 2007, cuando se inició un fuerte crecimiento de la exportación neta. El fuerte crecimiento de las exportaciones de la Federación de Rusia y Ucrania se refleja en la participación de estos países en las exportaciones mundiales de maíz y trigo (Figura 1.19). Antes de 2008, Ucrania representaba menos de 5% de las exportaciones mundiales de maíz. Para 2011, su participación subió a 15%. El porcentaje de la Federación de Rusia de las exportaciones mundiales de maíz es aún más modesto, pero creció de prácticamente 0% en 2010 a 4% del total mundial. En el caso del trigo, las posiciones relativas se invierten. Tanto Ucrania como la Federación de Rusia tienen un historial de exportación mundial de excedentes de trigo, aunque las cuotas de exportación tendían a ser muy variables antes de 2012. Desde entonces, las cuotas de exportación aumentaron y a la vez adquirieron un carácter menos volátil. Ahora Ucrania representa 9% de la exportación mundial de trigo, mientras que la Federación de Rusia es en estos momentos el mayor exportador, al suministrar de 19% a 20% de la exportación mundial.

Figura 1.19. **Participación de Ucrania y la Federación de Rusia en la exportación mundial de maíz y trigo**

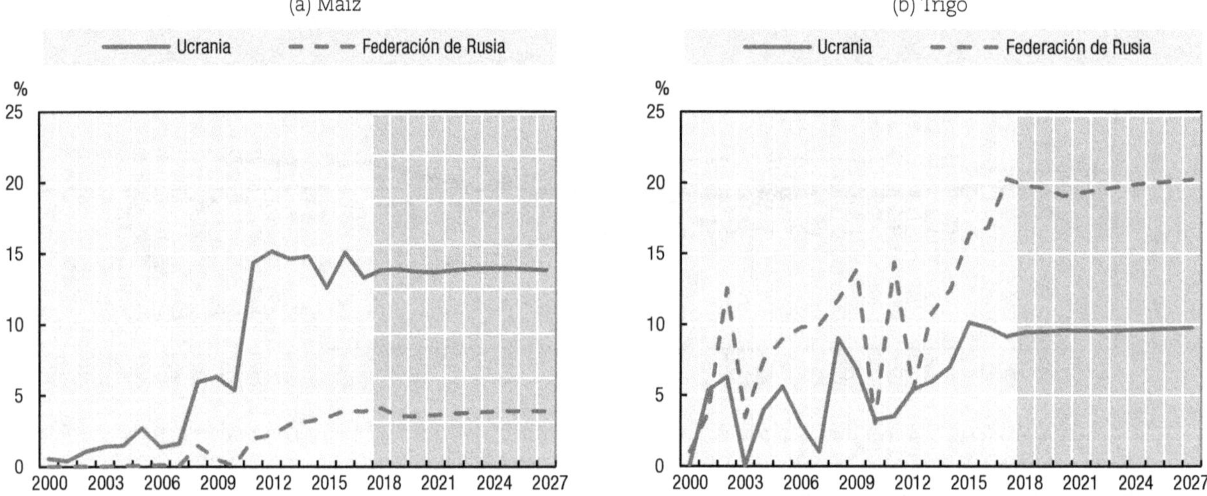

Fuente: OCDE/FAO (2018), "OCDE-FAO Perspectivas Agrícolas", *Estadísticas de la OCDE sobre agricultura* (base de datos), *http://dx.doi.org/10.1787/agr-outl-data-en.*

StatLinks http://dx.doi.org/10.1787/888933848360

Importadores netos: déficits comerciales en aumento entre los países con un rápido crecimiento demográfico

La región del Sudeste asiático y Asia Oriental es un gran importador neto, aunque las cifras agregadas relativas a la región ocultan una considerable heterogeneidad entre los distintos países. Si bien Indonesia y Malasia se establecieron como exportadores netos (en gran parte debido al aceite de palma), Japón tiene una historia como importador neto, aunque su déficit de comercio agrícola ha permanecido casi constante con el tiempo. A la inversa, desde 2000 el déficit de comercio agrícola de China ha aumentado con fuerza y en 2017 le correspondieron USD 40 Mm del déficit de comercio agrícola de USD 70 Mm (en dólares constantes de 2004-2006) de la región. Se espera que en la próxima década se incrementen las importaciones netas de China (y, por tanto, del Sudeste asiático y Asia Oriental en su conjunto), aunque con un ritmo más lento.

Dos regiones que también han experimentado crecientes déficits comerciales agrícolas son África subsahariana y Oriente Medio y África del Norte. No obstante, la manera como las importaciones cubren los requerimientos de consumo de ambas regiones varía mucho. Si bien las importaciones representan cerca de 20% del consumo de los principales productos alimentarios básicos en África subsahariana, alrededor de 57% del consumo se cubre con las importaciones de la región de MENA. En el Capítulo 2 se analiza con mayor detalle la evolución de la dependencia de importaciones de dicha región.

El déficit comercial agrícola de Europa Occidental (atribuible sobre todo a la Unión Europea) alcanzó su nivel máximo en 2007. Desde entonces, ha bajado casi la mitad, a cerca de USD 10 Mm (con precios de 2004-2006), y se espera que se reduzca aproximadamente 50% durante el periodo de las perspectivas.

Comercio de pescado y mariscos

Las tendencias regionales de la balanza agrícola comercial general pueden ocultar las diferencias en el patrón de importadores y exportadores netos de productos básicos específicos, como pescado y mariscos, uno de los que alcanzan mayor volumen comercializado cubierto en las *Perspectivas*. Mientras que en productos básicos agrícolas Estados Unidos es un gran exportador neto y China un gran importador neto, en lo que respecta al pescado y mariscos, la situación es la opuesta. Con el tiempo, estas diferencias regionales se han acentuado; desde principios de la década de 1990, las importaciones netas aumentaron en la Unión Europea, Estados Unidos y África subsahariana (entre otras regiones), en tanto que la exportación neta se elevó en Noruega, Vietnam y China. En lo que se refiere a exportaciones netas, se espera que en Vietnam y Noruega estas sigan aumentando pero que bajen en China debido a la reducción de su producción pesquera, combinada con la creciente demanda interna.

El aumento del comercio agrícola se desacelera

Se espera que el aumento del volumen comercial de todos los productos básicos analizados en las *Perspectivas Agrícolas* se desacelere considerablemente, como se muestra en la Figura 1.20. En algunos productos básicos, como LDP, soya y cereales, el comercio

Figura 1.20. **Crecimiento de volúmenes de comercio, por producto básico**

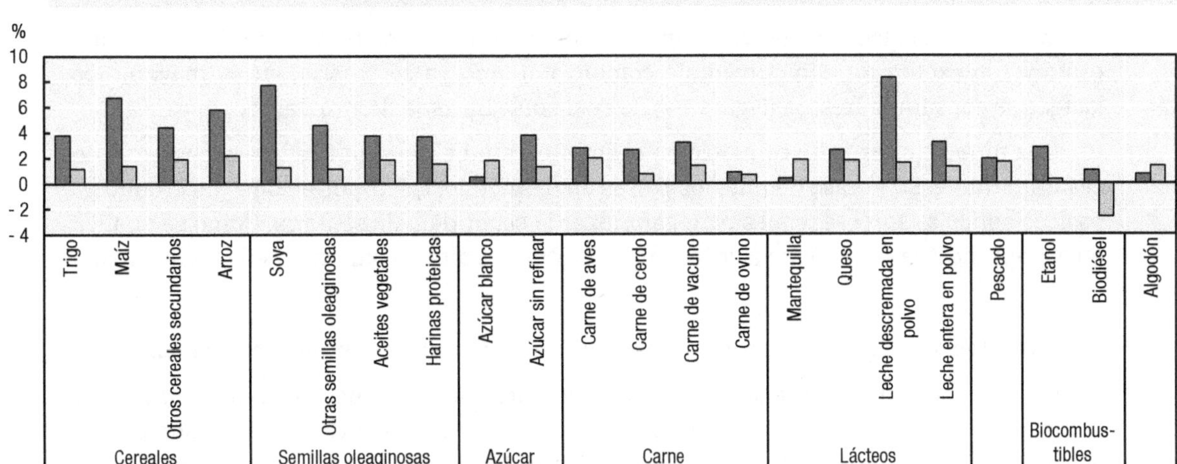

Nota: Tasa de crecimiento anual de los volúmenes de comercio.

Fuente: OCDE/FAO (2018), "OCDE-FAO Perspectivas Agrícolas", *Estadísticas de la OCDE sobre agricultura* (base de datos), *http://dx.doi.org/10.1787/agr-outl-data-en*.

StatLinks http://dx.doi.org/10.1787/888933848379

aumentará con fuerza en la última década (de 4% a 8% por año). En la próxima década y en consonancia con el menor crecimiento de la demanda, el volumen del comercio crecerá con mucha mayor lentitud. La tasa de crecimiento más alta prevista (para el arroz) es de solo 2.2% por año, mientras que el volumen de algunos productos básicos (como los biocombustibles) casi no aumentará.

La importancia del comercio difiere por producto básico, como se muestra en la Figura 1.21. En muchos productos básicos agrícolas, el porcentaje de producción comercializado es bajo. Menos de 7% de la producción mundial de carne de cerdo y solo cerca de 8% de la de mantequilla se comercian en el ámbito internacional; el porcentaje del arroz es 9%, y del biodiésel, 10%. Solo para algunos productos básicos el comercio representa al menos un tercio de la producción mundial: algodón, azúcar y soya; al igual que para los aceites vegetales y la leche en polvo, que tienen un mayor grado de procesamiento.

Figura 1.21. **Proporción de la producción comercializada**

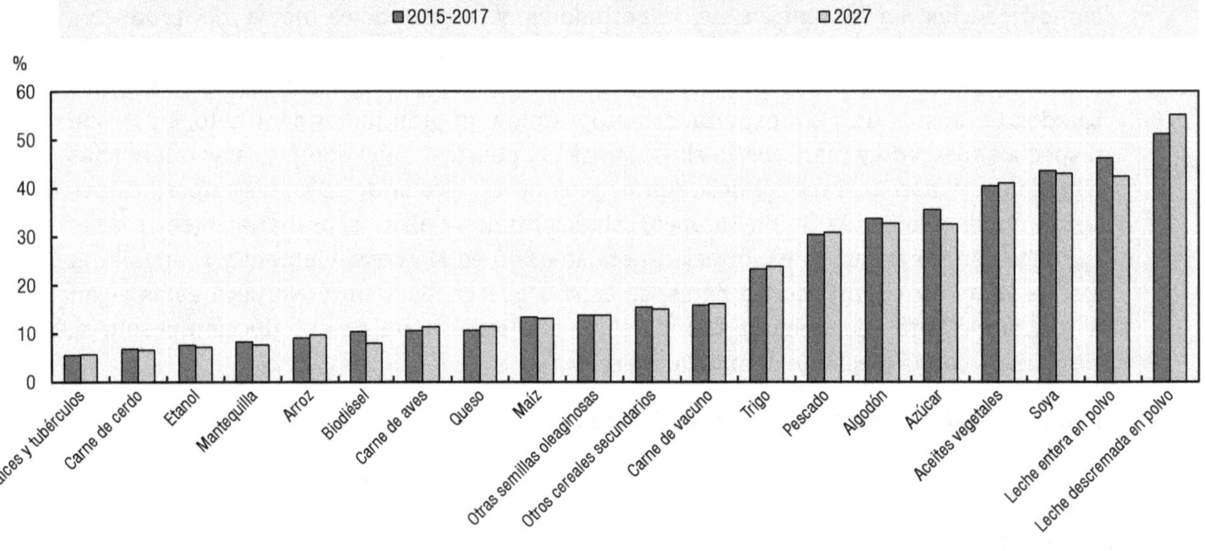

Fuente: OCDE/FAO (2018), "OCDE-FAO Perspectivas Agrícolas", *Estadísticas de la OCDE sobre agricultura* (base de datos), *http://dx.doi.org/10.1787/agr-outl-data-en.*

StatLinks http://dx.doi.org/10.1787/888933848398

En concreto, la leche en polvo se utiliza como una manera de transportar lácteos a bajo costo y eso explica su alto porcentaje comercial. Como ya se mostró, en su mayoría los lácteos se consumen frescos (Figura 1.7), lo cual suele hacerse dentro del propio país.

Una proporción baja de comercio en el ámbito mundial no significa que el comercio no sea importante. En el caso de muchos países en desarrollo, las importaciones de productos básicos agrícolas son esenciales para garantizar la seguridad alimentaria. Como se analiza en el Capítulo 2, la dependencia de las importaciones es alta en particular en Oriente Medio y África del Norte.

Las exportaciones agrícolas seguirán concentradas en unos cuantos proveedores clave

Un pequeño número de países con ventaja comparativa en producción suelen representar la mayor parte de la exportación mundial de productos básicos agrícolas, situación que se espera continúe durante la próxima década (Figura 1.22). Incluso en los productos básicos con exportaciones relativamente menos concentradas, como la carne de vacuno o el trigo, los cinco principales exportadores constituyen más de dos tercios del total mundial. Para la soya y la carne de cerdo, este porcentaje rebasa 90%.

Figura 1.22. **Cuotas de exportación de los cinco principales exportadores en 2027, por producto básico**

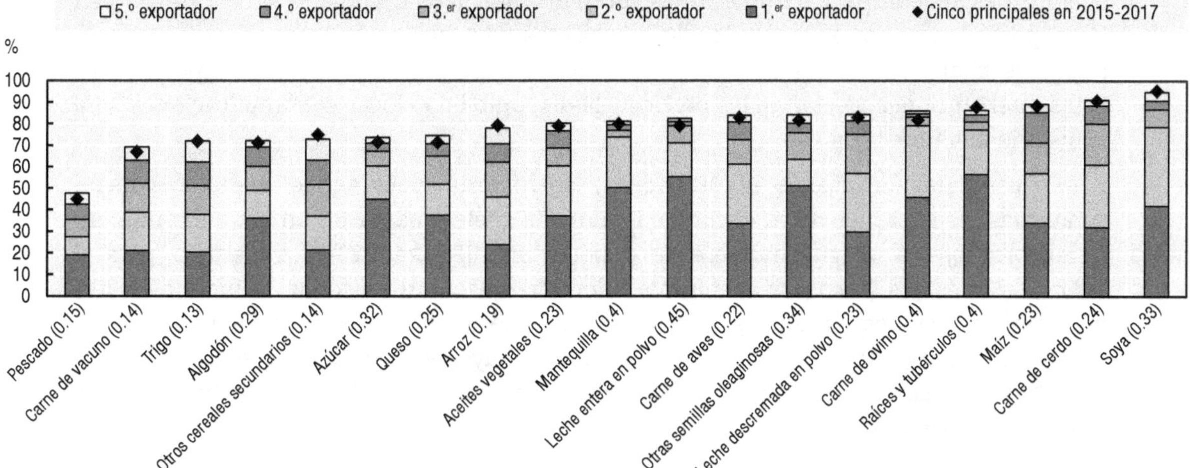

Nota: Las cifras entre paréntesis señalan el valor del Índice Hirschman-Herfindahl de concentración de las exportaciones en los distintos países para 2027. El Índice Hirschman-Herfindahl iguala la suma de participaciones de mercado cuadradas, aquí reajustadas entre 0 y 1, donde un valor cercano a 0 corresponde a la ausencia de concentración y un valor de 1 correspondería a un país individual como único exportador.

Fuente: OCDE/FAO (2018), "OCDE-FAO Perspectivas Agrícolas", *Estadísticas de la OCDE sobre agricultura* (base de datos), *http://dx.doi.org/10.1787/agr-outl-data-en.*

StatLinks http://dx.doi.org/10.1787/888933848417

Más aún, incluso en algunos productos básicos en los que el porcentaje de los cinco principales exportadores es más modesto, a menudo hay un solo país predominante. Tales son los casos del azúcar (en el que Brasil por sí solo representa 45% de la exportación mundial), otras semillas oleaginosas (Canadá representa 54% de la exportación mundial), raíces y tubérculos (Tailandia representa 56% de la exportación mundial), y varios productos lácteos. En cuanto al queso, la Unión Europea exporta casi un tercio del total mundial, porcentaje que se espera continúe en aumento. En cuanto a la mantequilla y la LEP, Nueva Zelanda representa más de la mitad de la exportación mundial.

A la inversa, las exportaciones de LDP se distribuyen de manera más equitativa entre los exportadores clave. En 2015-2017, la Unión Europea, Estados Unidos y Nueva Zelanda alcanzaron cuotas de exportación de 30%, 25% y 19%, respectivamente; se prevé, que en la próxima década, Estados Unidos incrementará su porcentaje de exportación mundial, pero sin cambiar su clasificación general. Las exportaciones de pescado para consumo humano también están menos concentradas; en este caso se espera que los cinco principales exportadores representen menos de la mitad de los volúmenes de exportación mundial en 2027.

En la Figura 1.22 se muestra también el valor del Índice Hirschman-Herfindahl de cada producto básico, un indicador de la concentración de mercado de uso común. Los valores más altos del Índice Hirschman-Herfindahl señalan una mayor concentración de exportadores, mientras que los más bajos indican una mayor "equidad" con participaciones de mercado distribuidas más uniformemente entre los participantes. Esta medida expresa el predominio relativo de los exportadores al complementar la información transmitida por la suma de participaciones de mercado de los cinco principales exportadores. El Índice Hirschman-Herfindahl señala que hay mayor concentración cuando un solo exportador de gran tamaño domina el mercado, como sucede con el azúcar, otras semillas oleaginosas y la LEP.

Los niveles generales de concentración tienden a ser estables y se esperan pocos cambios durante la próxima década. La alta concentración de las exportaciones agrícolas crea un riesgo de impactos importantes sobre los mercados mundiales si se interrumpen las exportaciones, por ejemplo, debido a impactos adversos en la producción (como una mala cosecha) o a cambios de políticas públicas en los principales países exportadores. Estas interrupciones afectarían los precios y la disponibilidad local, con implicaciones para la seguridad alimentaria.

En comparación con las exportaciones, las importaciones agrícolas por lo general están más dispersas; es decir, el comercio agrícola suele emanar de un pequeño número de exportadores a un gran número de importadores (Figura 1.23). Por ejemplo, para el arroz y el trigo, los cinco mayores importadores representan en conjunto menos de 30% de las importaciones mundiales; para la mayoría de los productos básicos incluidos en las *Perspectivas Agrícolas*, el porcentaje de los cinco mayores importadores es de menos de 60%. De igual manera, por lo general el Índice Hirschman-Herfindahl es más bajo para las importaciones que para las exportaciones.

Figura 1.23. **Cuotas de importación de los cinco principales importadores en 2027, por producto básico**

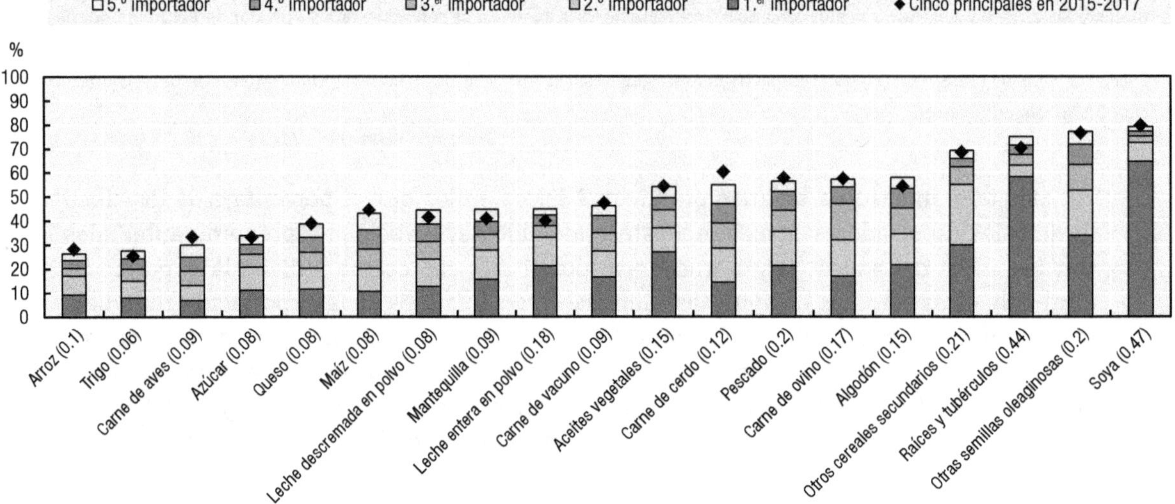

Nota: Las cifras entre paréntesis señalan el valor del Índice Hirschman-Herfindahl de concentración de las importaciones en los distintos países para 2027. El Índice Hirschman-Herfindahl iguala la suma de participaciones de mercado cuadradas, aquí reajustadas entre 0 y 1, donde un valor cercano a 0 corresponde a la ausencia de concentración y un valor de 1 correspondería a un país individual como único importador.

Fuente: OCDE/FAO (2018), "OCDE-FAO Perspectivas Agrícolas", *Estadísticas de la OCDE sobre agricultura* (base de datos), *http://dx.doi.org/10.1787/agr-outl-data-en.*

StatLinks http://dx.doi.org/10.1787/888933848436

Excepciones notorias son las semillas oleaginosas (soya y otras semillas oleaginosas), las raíces y tubérculos, y otros cereales secundarios, en los que predomina la demanda china. En la actualidad China es responsable de 63% de todas las importaciones mundiales de soya, porcentaje que se espera aumente ligeramente en la próxima década. En el caso de raíces y tubérculos, se prevé que China incrementará su porcentaje en las importaciones mundiales de 53% a 58%. La soya y las raíces y tubérculos también tienen un alto nivel de concentración exportadora. El comercio mundial de soya es dominado por exportaciones de Estados Unidos y Brasil a China, en tanto que el de las raíces y tubérculos (yuca), por las exportaciones tailandesas y vietnamitas a China.

Al igual que ocurre con las exportaciones, el grado de concentración de importaciones por producto cambiará durante la próxima década, pero sin una tendencia clara ascendente o descendente. Se prevé una mayor concentración de importaciones de LDP, algodón y raíces y tubérculos, entre otros productos básicos; por otra parte, se prevé una mayor dispersión de importaciones de carne de aves de corral, carne de vacuno y, en especial, carne de cerdo. Para este último producto, mientras se espera que el comercio mundial siga en aumento, se prevé que los volúmenes importados por los dos principales importadores (China y Japón) disminuirán durante el periodo de las perspectivas. Se prevé que China cederá a Japón su sitio como el mayor importador de carne de cerdo; en conjunto, se prevé que estos países representarán 29% de las importaciones mundiales en 2027, en comparación con 34% en el periodo de referencia.

Precios

Se espera que bajen los precios reales de la mayoría de los productos básicos

En las *Perspectivas*, los precios internacionales de referencia son los precios registrados en los principales mercados (por ejemplo, los puertos del golfo de Estados Unidos, Bangkok) de cada producto básico, y se ofrecen proyecciones de dichos precios. Las proyecciones de precios de corto plazo reflejan los efectos de los acontecimientos recientes del mercado (como sequías o cambios de políticas públicas), en tanto que, en los últimos años del periodo de proyección, se basan en las condiciones fundamentales de oferta y demanda.

Los precios de grupos de productos básicos como cereales, semillas oleaginosas, lácteos y carne guardan una alta correlación. Se prevé que en la próxima década los precios de estos grupos de productos básicos clave bajarán en términos reales (Figura 1.24). Eso provoca que se prevea que los precios reales se ubicarán por debajo de los niveles máximos alcanzados en 2006-2008 para los cereales y las semillas oleaginosas, y en 2013-2014, para la carne y los lácteos, aunque arriba de los alcanzados a principios de la década de 2000.

Figura 1.24. **Evolución de mediano plazo de los precios de los productos básicos, en términos reales**

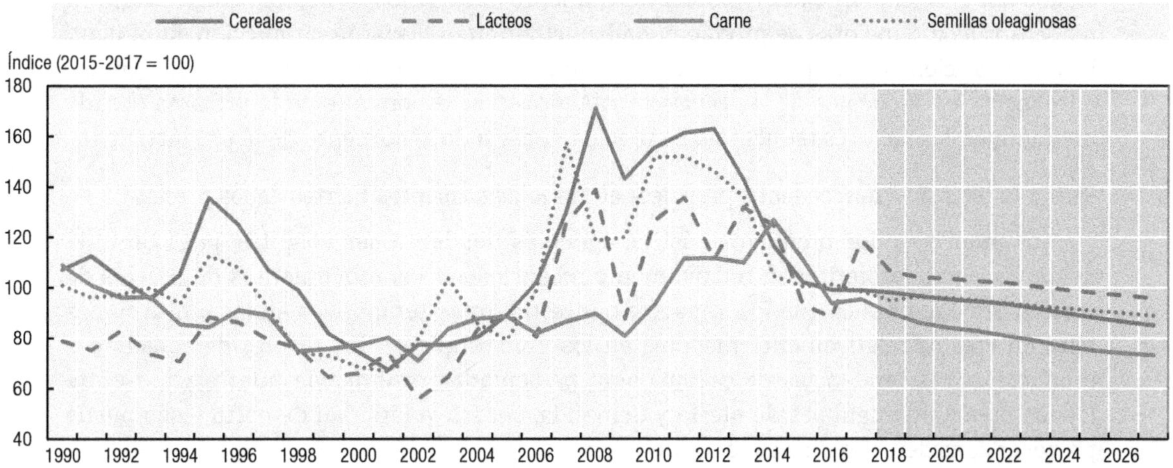

Fuente: OCDE/FAO (2018), "OCDE-FAO Perspectivas Agrícolas", *Estadísticas de la OCDE sobre agricultura* (base de datos), *http://dx.doi.org/10.1787/agr-outl-data-en.*

StatLinks *http://dx.doi.org/10.1787/888933848455*

En la Figura 1.25 se presenta una visión más detallada por producto básico, que muestra el cambio previsto del precio real anual promedio durante el periodo de las perspectivas. Entre los precios reales que en términos generales se encuentran a la baja, sobresalen las tendencias proyectadas para los lácteos. Después de la "burbuja de la mantequilla" observada en 2017, se espera que los precios reales de este producto muestren una baja anual promedio de 2%, pues los precios se reducirán aún más al principio del periodo de proyección, pero se espera que los precios de la LDP aumenten 1% por año. Junto con la LEP, la descremada es uno de los únicos productos básicos analizados en las *Perspectivas Agrícolas* en los que no se prevé que los precios bajen en términos reales.

Figura 1.25. **Cambio anual promedio de los precios reales de los productos básicos agrícolas, 2018-2027**

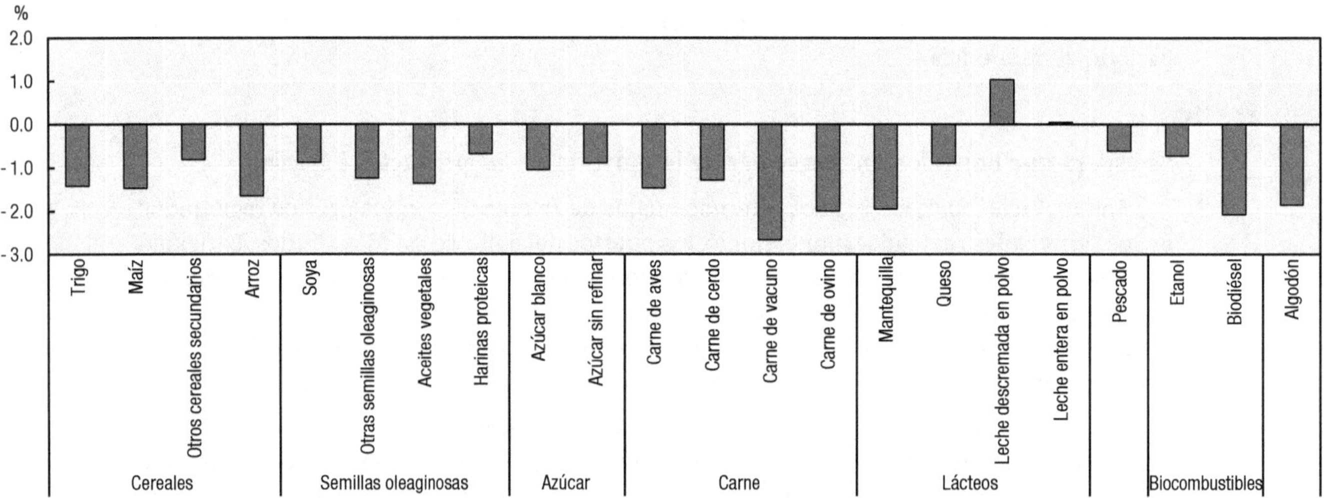

Fuente: OCDE/FAO (2018), "OCDE-FAO Perspectivas Agrícolas", *Estadísticas de la OCDE sobre agricultura* (base de datos), *http://dx.doi.org/10.1787/agr-outl-data-en.*

StatLinks *http://dx.doi.org/10.1787/888933848474*

Las tendencias en los precios reales de los productos básicos agrícolas reflejan un equilibrio de factores que generarían un alza en los precios (como una mayor demanda creada por el crecimiento demográfico y el aumento de ingresos) y factores que tenderían a reducirlos (como mejoras de productividad, que permiten elevar la producción sin utilizar insumos adicionales). El patrón de disminución de precios reales de la Figura 1.25 indica que, según los supuestos de las *Perspectivas Agrícolas*, se espera que en la próxima década predominen los factores reductores de precios, sobre todo el aumento de la productividad.

Pese a la tendencia descendente, prevalece el riesgo de aumentos fuertes de los precios

Los precios de los productos básicos agrícolas tienden a ser volátiles, pues tanto la demanda como la oferta son relativamente insensibles a los movimientos de precios de corto plazo. Eso implica que los impactos o incertidumbre temporales en las proyecciones tendrán efectos relativamente mayores en los precios que en los niveles de consumo o producción. Las tendencias de precios aquí presentadas resumen la interrelación entre los factores fundamentales de oferta y demanda, pero la volatilidad de corto plazo puede provocar considerables desviaciones de la tendencia.

Para evaluar la incertidumbre respecto de los precios, en las *Perspectivas Agrícolas* se aplicó un análisis estocástico parcial. Dicho análisis simula la posible variabilidad de los mercados agrícolas con 1000 diferentes escenarios de variables macroeconómicas y de otro tipo, como los precios del petróleo, el crecimiento económico, los tipos de cambio y las perturbaciones de rendimientos. En cada escenario, el modelo Aglink-Cosimo que sustenta las *Perspectivas* proyecta diferentes resultados relacionados con los precios, con los cuales se indica la sensibilidad de las estimaciones de las *Perspectivas*.

El grado de variación incluido en el análisis estocástico se basa en la variabilidad histórica; es decir, no se incorporan en este análisis las perturbaciones más extremas que las observadas en el pasado. Además, este análisis no es exhaustivo, pues no contiene todas las fuentes de variabilidad que afectan los mercados agrícolas. Por ejemplo, no refleja la incertidumbre relacionada con las enfermedades de animales, pues es un factor difícil de cuantificar. Las fuentes principales de incertidumbre de los mercados agrícolas en el análisis estocástico son las siguientes (Araujo-Enciso *et al.*, 2017):

- *Impulsores macroeconómicos mundiales:* valores de las 32 variables que incluyen el producto interno bruto (PIB) real, el índice de precios al consumidor (IPC) y el deflactor del PIB en Estados Unidos, la Unión Europea, China, Japón, Brasil, India, la Federación de Rusia y Canadá; el tipo de cambio de la moneda nacional respecto del dólar estadounidense en estas regiones, y el precio mundial del petróleo crudo.
- *Rendimientos agrícolas:* también se analiza la incertidumbre que afecta el rendimiento de 17 cultivos en 20 países productores importantes, lo cual suma un total de 78 rendimientos inciertos por país y producto específicos.

En la Figura 1.26 se muestra la evolución esperada de los precios reales de algunos productos básicos conforme al escenario base de las *Perspectivas Agrícolas* con una línea sólida en cada gráfica. Se refleja la sensibilidad de las proyecciones de los precios como un

Figura 1.26. **Evolución de los precios reales de algunos productos básicos**

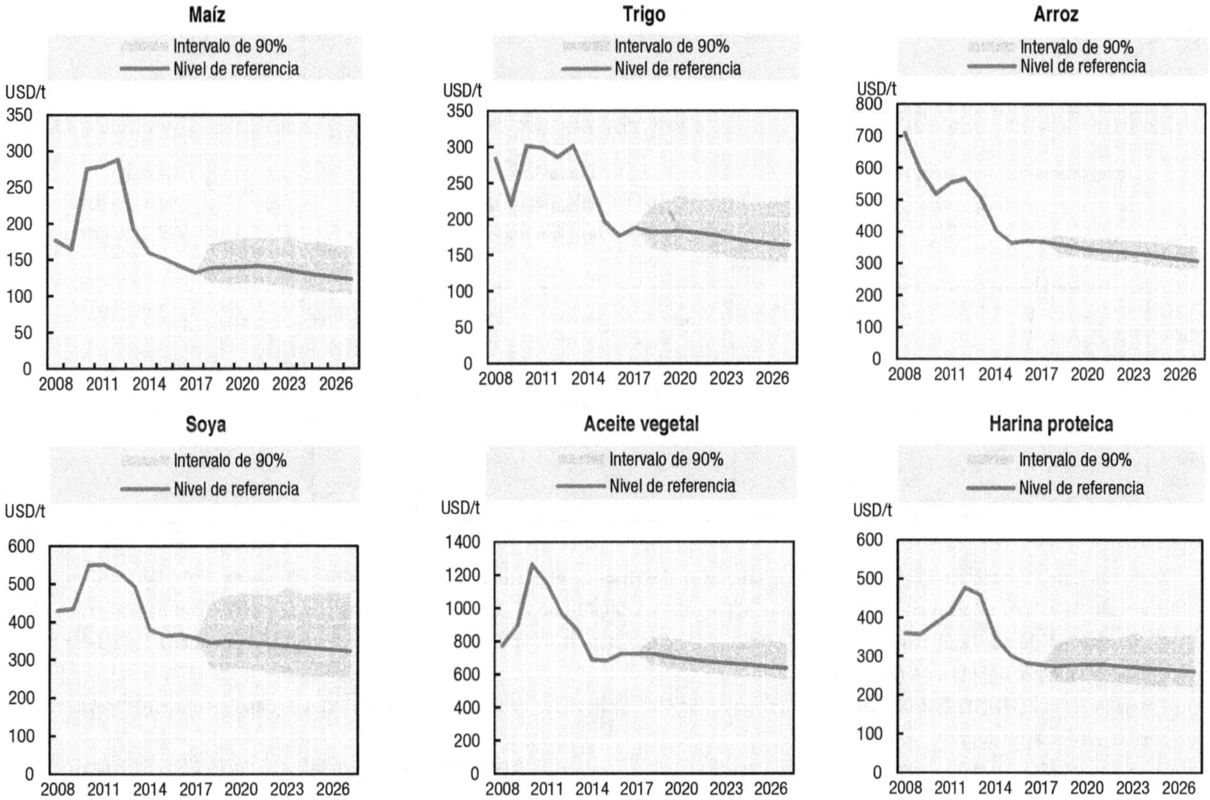

Nota: Las figuras muestran la evolución de los precios reales durante el periodo de proyección base (línea azul sólida), así como el intervalo de 90% de un análisis estocástico parcial (véanse los detalles en el texto). En dicho análisis no se incluyen ni el algodón ni el pescado, por lo que tampoco se muestran aquí. Los precios reales se definen como precios nominales mundiales a los que se les aplica el deflactor del PIB USA (2010=1).

Fuente: OCDE/FAO (2018), "OCDE-FAO Perspectivas Agrícolas", *Estadísticas de la OCDE sobre agricultura* (base de datos), *http://dx.doi.org/10.1787/agr-outl-data-en.*

StatLinks http://dx.doi.org/10.1787/888933848493

Figura 1.26. **Evolución de los precios reales de algunos productos básicos** *(cont.)*

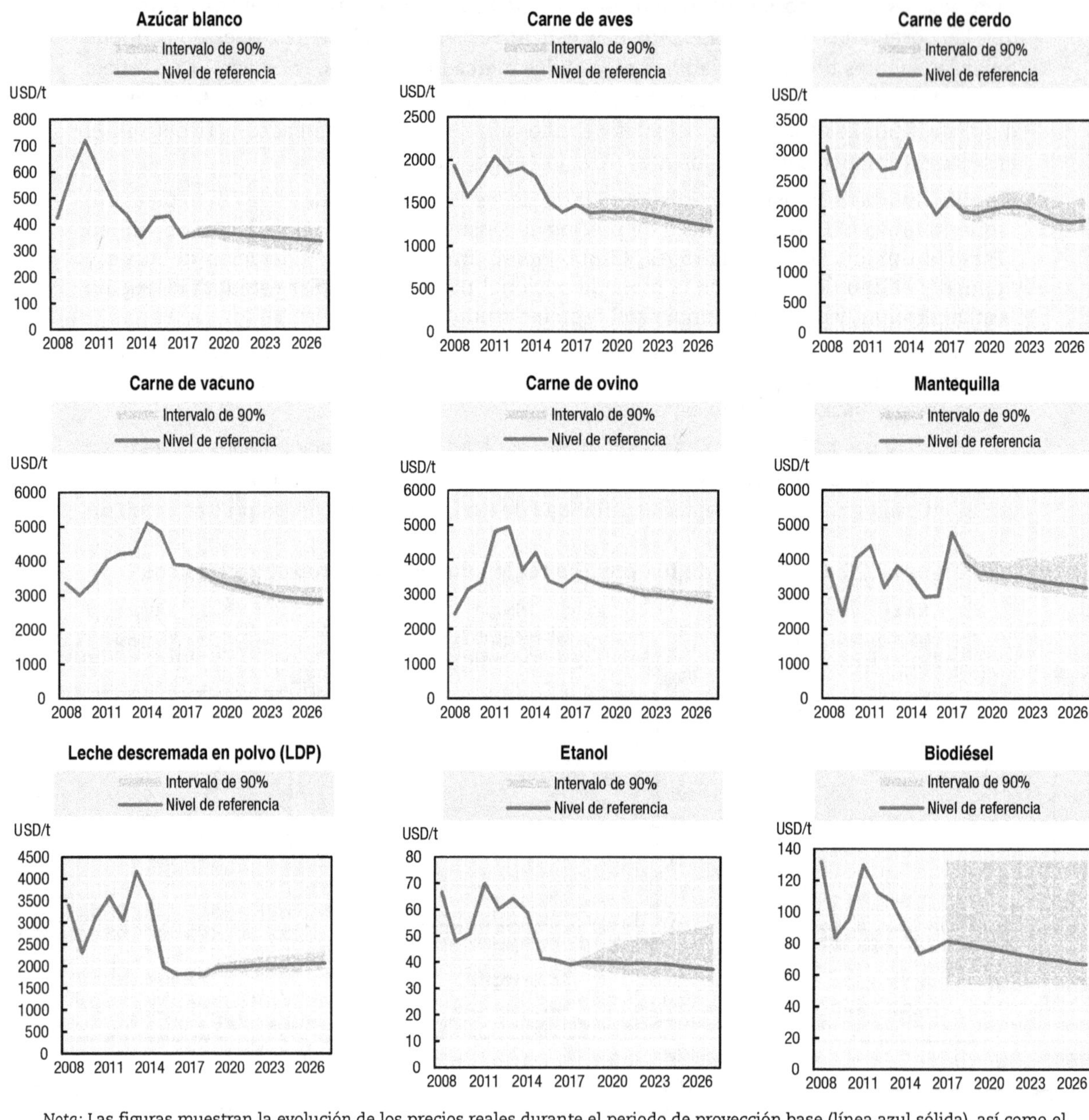

Nota: Las figuras muestran la evolución de los precios reales durante el periodo de proyección base (línea azul sólida), así como el intervalo de 90% de un análisis estocástico parcial (véanse los detalles en el texto). En dicho análisis no se incluyen ni el algodón ni el pescado, por lo que tampoco se muestran aquí. Los precios reales se definen como precios nominales mundiales a los que se les aplica el deflactor del PIB USA (2010=1).

Fuente: OCDE/FAO (2018), "OCDE-FAO Perspectivas Agrícolas", *Estadísticas de la OCDE sobre agricultura* (base de datos), *http://dx.doi.org/10.1787/agr-outl-data-en.*

StatLinks *http://dx.doi.org/10.1787/888933848493*

intervalo de confianza de 90% alrededor de la proyección; en este intervalo gris se ubica 90% de los precios simulados en el análisis estocástico. De acuerdo con los supuestos de dicho análisis, la probabilidad de que los precios se mantengan dentro del rango es de 90% en cualquier año determinado. Por consiguiente, la probabilidad de que los precios se mantengan en este rango durante toda la década es mucho menor, de (0.90), o cerca de 35%. Por tanto, la probabilidad de que los precios se salgan de este rango (bien sea por encima o por debajo) en algún momento de la próxima década es de 65%.

Cabe destacar que este intervalo gris no recoge toda la incertidumbre que rodea a los precios previstos, solo la proveniente de las variables incluidas en el análisis estocástico. Como resultado, el intervalo tiende a ser mayor alrededor de los cultivos que del ganado, por la susceptibilidad de los rendimientos a las condiciones climáticas. Entre los cultivos, el precio del arroz varía menos en las diferentes simulaciones del análisis estocástico en parte porque los rendimientos del arroz con cáscara son menos sensibles a las condiciones climáticas una vez que se decide sembrar. (Por otra parte, las perturbaciones climáticas afectan la superficie sembrada, pues inundar los arrozales es una condición previa para la plantación, pero dichas variaciones de superficie no se incluyen en el análisis estocástico actual.) En cambio, la variación alcanza su nivel más alto en los biocombustibles (etanol y biodiésel), que combinan las incertidumbres que afectan la producción física con una mayor incertidumbre del lado de la demanda. En general, el grado de incertidumbre tiende a ser asimétrico, pues es más posible que los precios alcancen niveles máximos a que bajen.

Evolución proyectada del índice de precios de los alimentos de la FAO

Otra manera de evaluar la evolución de los precios es mediante el futuro "camino" previsto del Índice de precios de los alimentos de la FAO. Dicho índice, puesto en marcha en 1996, presenta el desarrollo de los precios nominales de diversos productos básicos agrícolas en cinco grupos, ponderados con las cuotas de exportación promedio de estos grupos en el periodo 2002-2004. Como este índice de precios de productos básicos es similar a las *Perspectivas Agrícolas* en cuanto a cobertura de productos, es posible proyectar la futura evolución del índice de precios de los alimentos de la FAO, como medida resumida de la evolución de los precios nominales de los productos básicos agrícolas (Figura 1.27).

Figura 1.27. **Evolución prevista del índice de precios de los alimentos de la FAO**

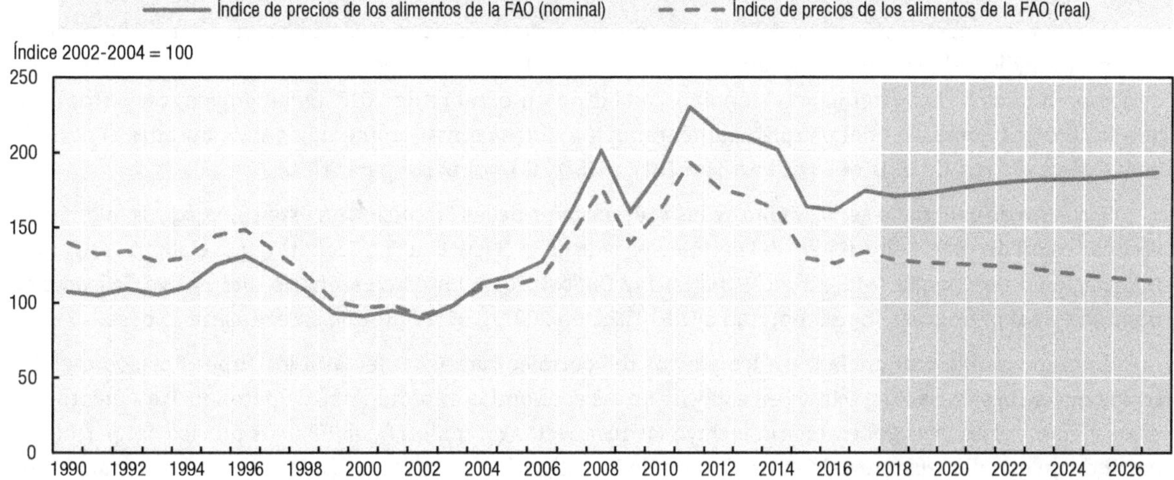

Nota: Los datos históricos se basan en el índice de precios de los alimentos de la FAO, que recoge información sobre los precios nominales de los productos básicos agrícolas; se prevén mediante el nivel de referencia de las *Perspectivas Agrícolas*. Los valores reales se obtienen al dividir el índice de los precios de los alimentos de la FAO entre el deflactor del PIB de EUA (2002-2004 = 1).

Fuentes: Situación Alimentaria Mundial (FAO) (*http://www.fao.org/worldfoodsituation/foodpricesindex/es//*) y OCDE/FAO (2018), "OCDE-FAO Perspectivas Agrícolas", *Estadísticas de la OCDE sobre agricultura* (base de datos), *http://dx.doi.org/10.1787/agr-outl-data-en.*

StatLinks http://dx.doi.org/10.1787/888933848512

Con base en las condiciones de oferta y demanda previstas en las *Perspectivas*, se espera que los precios nominales de los productos básicos agrícolas, como se resumen en el índice de los precios de los alimentos de la FAO, aumenten solo 0.7% por año durante la próxima década. En términos reales, se prevé que dicho índice bajará durante la próxima década. Se prevé que tanto los precios nominales como los reales permanecerán por debajo de los niveles máximos alcanzados entre 2008 y 2014, pero por arriba de los niveles registrados a principios de la década de 2000.

Riesgos e incertidumbres

En las *Perspectivas Agrícolas* se combinan proyecciones que utilizan el modelo Aglink-Cosimo con opiniones expertas sobre la probable evolución de los impulsores de los mercados agrícolas. Por consiguiente, las proyecciones de las *Perspectivas* son sensibles a los supuestos subyacentes, como los relativos a las condiciones macroeconómicas y las políticas pertinentes analizadas en el Recuadro 1.6. Aunque se basan en la mejor información disponible en el momento de la preparación, estos supuestos son, por naturaleza, inciertos. Además, diversos factores que no se tomaron en cuenta de manera explícita podrían afectar los mercados agrícolas mundiales en la próxima década. La incertidumbre sobre estos temas tiende a acumularse con el tiempo. Durante el horizonte de 10 años de las *Perspectivas*, las desviaciones temporales de la tendencia pueden ocultar la tendencia real, pese a que las proyecciones de las *Perspectivas* son sólidas.

Algunas incertidumbres son cuantificables. Por ejemplo, en el Recuadro 1.3 se explora un escenario distinto relativo a los precios del petróleo. Además, el análisis estocástico parcial de la sección anterior aporta información útil sobre la sensibilidad de las proyecciones de las *Perspectivas* a los cambios en las condiciones macroeconómicas y los rendimientos agrícolas mundiales. Finalmente, otros factores resultan aún más difíciles de cuantificar, y más adelante se analiza su posible impacto.

Recuadro 1.3. **Impacto de un escenario alternativo relativo a los precios del petróleo**

El supuesto sobre los precios del petróleo crudo durante el periodo de la proyección se basa en el precio promedio del petróleo crudo previsto por el World Bank Commodities Price (pronóstico de precios de los productos básicos del Banco Mundial), publicado en octubre de 2017. Estas proyecciones implican que los precios nominales del petróleo aumentarán a una tasa anual promedio de 1.8% durante el periodo de las perspectivas, de USD 54.7 por barril en 2017 a USD 76.1 por barril para 2027.

Con el fin de calibrar la sensibilidad de las proyecciones de las *Perspectivas* a este supuesto, se analizó un escenario con un precio alternativo del petróleo basado en el "New Policies Scenario" que elaboró la Agencia Internacional de Energía (AIE) en su *World Energy Outlook 2017*. En este escenario alternativo, los precios nominales del petróleo se incrementarán a USD 122.2 en 2027, o 61% más que en el escenario base.

Un gran cambio pronunciado en los precios del petróleo también afectaría los supuestos sobre el PIB en los que se basan las *Perspectivas*, en especial en las economías exportadoras de petróleo. Para incorporar estos efectos, el análisis del escenario incluyó las respuestas en materia del PIB a los precios del petróleo a partir de un estudio reciente del Centro Común de Investigación de la Comisión Europea (Kitous *et al.*, 2016).

El aumento en los precios del petróleo incrementa los costos de la producción agrícola porque los precios de los combustibles y fertilizantes suben y también los costos generales como resultado de una mayor inflación. Los precios altos de los combustibles también afectan la demanda de productos básicos agrícolas mediante los mercados de biocombustibles, por dos efectos opuestos. Por un lado, los precios más altos deprimen la demanda de combustibles para el transporte, lo que a su vez reduce la demanda de biocombustibles debida a la mezcla obligatoria. Por otra parte, un precio más alto del petróleo crudo provoca que se le sustituya por biocombustibles. Dicho efecto sería más acentuado en el caso del biodiésel que en el etanol, para el cual la mezcla del combustible para gasolina se acerca ya a su nivel técnico máximo en varios mercados importantes.

Recuadro 1.3. **Impacto de un escenario alternativo relativo a los precios del petróleo** *(cont.)*

El escenario sugiere que el aumento de los precios del petróleo crudo ejercería un impacto negativo, aunque pequeño, sobre la producción de la mayoría de los productos básicos agrícolas. Por ejemplo, para el maíz, la producción mundial sería 0.7% menor que con las proyecciones base. En los biocombustibles los efectos son más fuertes. El aumento de los precios del petróleo estimularía la producción mundial de biodiésel en 2.5%, en comparación con la base de referencia, en tanto que la producción mundial de etanol disminuiría 1.5%.

Los precios del petróleo crudo más altos también afectarían los precios agrícolas. Los precios nominales del maíz, trigo, soya y aceite vegetal serían de 10% a 11% más altos que con la base de referencia, mientras que los precios nominales del ganado y los lácteos serían de 6% a 8% mayores. En el biodiésel se espera un aumento más fuerte del precio, pues el incremento de la demanda, los costos de producción y la inflación provocan que los precios nominales lleguen a ubicarse 27% arriba de los de la base de referencia.

Varios factores afectan el "traslado" de los precios del petróleo a los precios de los productos básicos agrícolas. El escenario supone que el incremento de los precios del petróleo es consecuencia de factores del lado de la demanda, de modo que estos precios más altos reducen la demanda de combustibles para el transporte, lo que a su vez disminuye la demanda de biocombustibles debido a la mezcla obligatoria. Si el aumento de los precios del petróleo se debiera a una mayor demanda de combustibles para el transporte, se acompañaría de un mayor crecimiento en la demanda de biocombustibles y, por tanto, de un mayor incremento de los precios agrícolas.

Un segundo factor es el efecto del aumento de los precios del petróleo en los precios de los fertilizantes. Tradicionalmente, al subir los precios del petróleo también lo hacían los del gas natural, insumo importante para los fertilizantes basados en nitrógeno. Antes, el precio del gas natural se indexaba a los precios del petróleo crudo, con lo que creaba una relación directa. No obstante, en años recientes los precios del gas natural mostraron señales de que se "desacoplarán" de los precios del petróleo. Eso debilitaría el vínculo entre los precios del petróleo y el de los fertilizantes. Por otra parte, parece probable que un gran aumento de los precios del petróleo crudo sostenido durante una década, según se considera en el escenario, se acompañe de un aumento de los precios del gas natural, bien sea por la manera como se fija su precio o por efectos de sustitución. Por consiguiente, en el escenario se supone que los precios del petróleo crudo en realidad afectarán los precios de los fertilizantes.

Fuente: Kitous, A., et al. (2016). "Impact of low oil prices on oil exporting countries", *JRC Science for Policy Report*, EUR 27909 EN (doi: 10.2791/718384).

Análisis estocástico parcial

En la sección anterior se utilizó un análisis estocástico parcial para indicar el intervalo de incertidumbre de los precios reales estimados de varios productos básicos. El análisis estocástico también valora otros aspectos de las *Perspectivas*. Una manera de representar y comparar el impacto de la incertidumbre sobre los resultados previstos es el coeficiente de variación del último año de la proyección, 2027. El coeficiente de variación (CV) se define como la desviación estándar dividida entre la media y, por tanto, puede interpretarse como una desviación porcentual de la proyección "central" de las *Perspectivas*.

En la Figura 1.28 se compara el coeficiente de variación del consumo, producción, comercio, precios (nominales) y reservas de maíz mundiales. Mientras el coeficiente de variación del consumo mundial es de alrededor de 1%, la variabilidad de producción es mayor (casi 3%). Para el comercio, el coeficiente de variación es de alrededor de 5%. La variabilidad de los precios es mucho mayor (11%), en tanto que la variabilidad más alta corresponde a las reservas (16%).

Este resultado refleja dos características esenciales de los mercados agrícolas mundiales. Primera, la demanda y la oferta de muchos productos básicos agrícolas son relativamente menos sensibles a los precios. Por consiguiente, las perturbaciones en la demanda o en la oferta provocan ajustes relativamente grandes a los precios. Segunda, el comercio y las reseras sirven como amortiguadores y, por tanto, son más variables. Las reservas sirven para suavizar el consumo ante fluctuaciones en la producción y, de igual manera, el comercio permite a los países aumentar sus importaciones para mantener la estabilidad del consumo en años en que la producción disminuye.

Figura 1.28. **Maíz: coeficiente de variación en 2027**

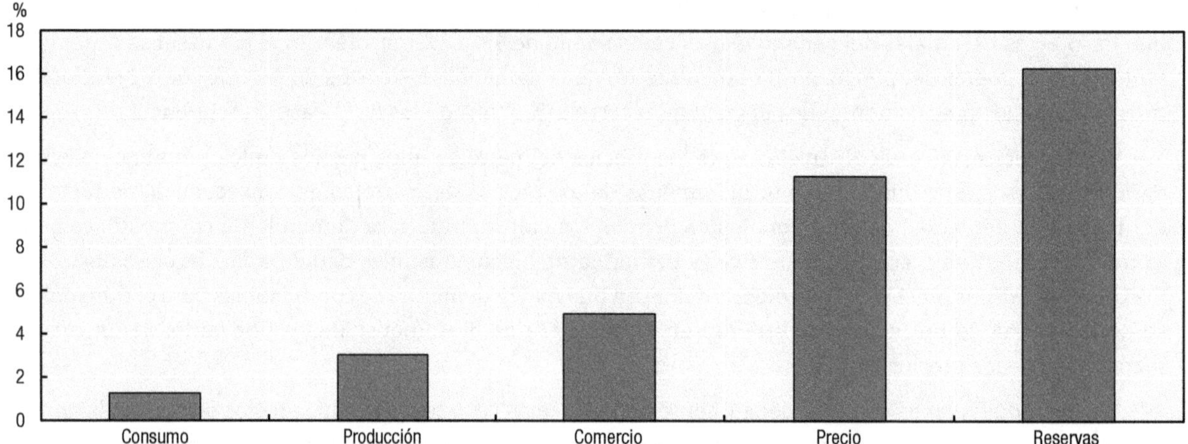

Fuente: OCDE/FAO (2018), "OCDE-FAO Perspectivas Agrícolas", *Estadísticas de la OCDE sobre agricultura* (base de datos), *http://dx.doi.org/10.1787/agr-outl-data-en*.

StatLinks *http://dx.doi.org/10.1787/888933848531*

Otras incertidumbres que afectan las Perspectivas

Si bien el análisis estocástico parcial refleja la incertidumbre en torno a diversos factores que afectan la evolución de los mercados agrícolas, muchas otras incertidumbres son más difíciles de cuantificar, pero no menos importantes, en particular las relacionadas con las políticas gubernamentales.

Demanda

Del lado de la demanda, una fuente relevante de incertidumbre tiene que ver con las políticas de biocombustibles en los grandes mercados, en particular, China. En fechas recientes el Gobierno chino propuso una nueva normativa obligatoria nacional de etanol, que extendería una normativa anterior que había estado en vigor en 11 provincias a manera de prueba, para abarcar todo el país en 2020. En el capítulo sobre biocombustibles se analizan con mayor detalle las implicaciones posibles, pero algunas estimaciones preliminares muestran que la política aumentaría el uso del etanol chino en 18 Mml, a 29 Mml. Para poner este aumento en contexto, en la actualidad la producción mundial de etanol en 2027 se prevé en 131 Mml. Si los insumos se obtienen internamente, podrían utilizarse en gran parte las reservas chinas de maíz, pero si la demanda adicional se cubre en cambio con importaciones, habría un gran efecto en los mercados agrícolas.

Cambiar las preferencias del consumidor también afectaría los mercados. Es posible proyectar algunos cambios en la demanda de los consumidores a partir de las tendencias actuales, como el papel decreciente de los cereales y la demanda creciente de proteínas a medida que los ingresos promedio suben. Es más difícil evaluar otros cambios, como el surgimiento de estilos de vida vegetarianos o veganos o una mayor preferencia de los alimentos locales u orgánicos, pero suelen ser tendencias con poco movimiento y a menudo de importancia limitada para los mercados mundiales. En cambio, los temores relativos a la sanidad alimentaria pueden reducir la demanda de los consumidores en el corto plazo, a veces con consecuencias duraderas.

En muchos países, la obesidad y el sobrepeso se reconocen cada vez más como problemas de salud pública. Se implementan diversas políticas públicas para frenar el surgimiento de la obesidad, que varían del suministro de información y educación a requerimientos relativos al etiquetado y las fórmulas de los productos, así como a subsidios e impuestos (en especial al azúcar y bebidas endulzadas). Pueden adoptarse otras medidas durante el periodo de la proyección, con miras a influir en los niveles de consumo de calorías, así como en la composición de la dieta.

Oferta

La producción de productos básicos agrícolas es única por su vulnerabilidad a elementos naturales, como el mal tiempo y las enfermedades que afectan la producción vegetal y animal. Históricamente, estas enfermedades muchas veces causaban trastornos importantes en los mercados agrícolas; es posible que durante el periodo de las perspectivas se presenten perturbaciones similares (véase el Recuadro 1.4, donde se aborda la amenaza que representa el gusano cogollero en particular). Como se mencionó, las exportaciones agrícolas tienden a concentrarse en pocos países; de no haber cambio, esta situación plantea el riesgo de que una crisis en un solo país afecte a los mercados mundiales.

Los cambios regulatorios pueden afectar la producción agrícola, por ejemplo, al implementar medidas que prohíben o aumentan el costo de aplicar ciertas prácticas de producción (como el uso de pesticidas neonicotinoides). Igualmente, las políticas para mitigar el cambio climático pueden afectar la agricultura, en particular, la producción de rumiantes, que contribuye a generar emisiones de metano. Por otra parte, los avances en nuevas tecnologías, como la agricultura digital y de precisión o nuevas técnicas de fitomejoramiento, pueden optimizar la productividad agrícola más allá de la tasa prevista actualmente en las *Perspectivas*.

En nuestros días, las industrias que suministran insumos agrícolas viven una tendencia de creciente consolidación y concentración de mercado. Dichas tendencias se han observado en productos químicos para la protección de cultivos, semillas y biotecnología, y mercados de fertilizantes, entre otros, lo que despierta la inquietud de que una menor competencia reduzca la inversión privada en investigación y desarrollo (I+D).

Para el sector pesquero y acuícola, una importante fuente de incertidumbre se relaciona con los cambios en las políticas que se están instaurando en China y pueden afectar la oferta, la demanda y los precios mundiales debido al papel clave que este país desempeña en el sector. En el capítulo sobre pescado y mariscos se analizan con mayor detalle las posibles implicaciones.

Recuadro 1.4. **Combatir la expansión de la plaga del gusano cogollero en África subsahariana**

El gusano cogollero (*Spodoptera frugiperda*) es un insecto originario de América que se detectó por primera vez en África Central y Occidental a principios de 2016. Desde entonces, se ha extendido a la mayoría de los países de África subsahariana y es probable que llegue a África del Norte (FAO, 2017). En el mediano plazo, los expertos temen que la plaga se extienda a Europa y Asia meridional y, durante la temporada de verano, incluso llegue a Europa septentrional. En América, los agricultores, investigadores y gobiernos han combatido al gusano cogollero durante décadas, manteniendo las pérdidas en su nivel mínimo. No obstante, en África subsahariana la mayoría de los productores de maíz tienen explotaciones pequeñas y carecen

Recuadro 1.4. **Combatir la expansión de la plaga del gusano cogollero en África subsahariana** *(cont.)*

de acceso a los conocimientos o insumos requeridos para combatir esta nueva plaga. Si bien en algunos estudios basados en la percepción de los productores se sostiene que, a falta de un método de control, el gusano cogollero puede provocar pérdidas en la producción de maíz de hasta 53% (Day *et al.*, 2017), la mayoría de las pruebas de campo muestran pérdidas en los rendimientos menores de 20%.

El brote de gusano cogollero en África subsahariana no parece haber impedido la recuperación de la producción de maíz después de dos años consecutivos de graves sequías en África austral. En 2017, la producción de cereales aumentó cerca de 16 Mt en comparación con 2016, lo que colocó la producción agregada en 80 Mt, nivel por arriba del promedio. En *OCDE-FAO Perspectivas Agrícolas* se prevé la continuación de esta tendencia positiva y se prevé que la producción de maíz de la región llegará a 93 Mt en 2027. En las proyecciones se supone que los métodos de control del gusano cogollero serán lo bastante eficaces para obtener ganancias continuas en rendimientos.

No obstante, no es sencillo implementar dichos métodos, y el gusano cogollero podría convertirse en una amenaza para la seguridad alimentaria de la región. Tiene el potencial de poner en peligro la producción de cereales y otros cultivos porque, a diferencia de América, los productores de pequeña escala representan la inmensa mayoría de la producción de cereales en África subsahariana. Sus cultivos suelen ser más vulnerables a plagas y enfermedades, y su capacidad para vencer la infestación es limitada.

Las proyecciones de las *OCDE-FAO Perspectivas Agrícolas* consideran el gusano cogollero como una incertidumbre importante. Al mismo tiempo, se espera prevenir serias pérdidas en la producción con iniciativas que ya se han emprendido, en particular, el programa quinquenal de la FAO denominado “Programa de gestión sostenible del gusano cogollero en África”. El programa incorpora la participación de investigadores, gobiernos y pequeños productores de América Latina con vasta experiencia en la gestión del gusano cogollero. Se espera que los métodos y herramientas desarrollados en América Latina resulten eficaces para contener al gusano cogollero en África subsahariana.

Es posible que el gusano cogollero se desplace de manera paulatina a África del Norte y de ahí a Europa y Asia. A diferencia de África subsahariana, que es un mercado más regional, la diseminación del gusano cogollero en África del Norte, Europa y Asia podría causar problemas para el mercado mundial de maíz, pues estas regiones abarcan los principales importadores y exportadores de maíz. Si bien es demasiado pronto para evaluar las implicaciones de dicho resultado, se están haciendo esfuerzos para asegurar la vigilancia eficaz y la detección temprana de la plaga. Dichos esfuerzos deben finalmente permitir a los agricultores y los gobiernos emprender acciones adecuadas y oportunas para contener la infestación y mitigar los efectos del gusano cogollero.

Fuentes: FAO (2017), “Sustainable Management of the Fall Armyworm in Africa”, FAO Programme for Action, 6 de octubre, http://www.fao.org/3/a-bt417e.pdf y Day, R. *et al.* (2017), “Fall Armyworm: Impacts and Implications for Africa”, *Outlooks on Pest Management*, vol. 28, núm. 5, págs. 196-201.

Comercio

El entorno del comercio internacional enfrenta una creciente incertidumbre en años recientes, que puede impactar los flujos de comercio agrícola.

Diversos problemas actuales en materia de comercio relacionados con los productos básicos agrícolas (como la prohibición de importaciones de la Federación de Rusia, el debate en torno a las exportaciones de biodiésel de Argentina e Indonesia a Estados Unidos y la investigación antidumping de China de las importaciones de sorgo estadounidense) pueden generar efectos bilaterales importantes en productos básicos específicos, pero no es probable que tengan grandes efectos en el ámbito mundial y en diferentes productos básicos (Recuadro 1.5). Sin embargo, aunque se resuelvan dichos problemas en determinado momento, podrían terminar por cambiar de forma permanente los flujos comerciales entre países a medida que los exportadores encuentren nuevos mercados, y los importadores encuentren nuevas fuentes de suministro.

La anunciada salida del Reino Unido de la Unión Europea (conocida como Brexit) aún está en proceso de negociación; poco se sabe sobre los acuerdos exactos que regirán la política agrícola del Reino Unido y sus relaciones comerciales con la Unión Europea y otros países. Si bien es probable que el Brexit afecte considerablemente ciertos flujos de comercio agrícola bilateral (sobre todo carne de vacuno, lácteos y cordero), es probable que el efecto sobre el comercio agrícola mundial sea leve.

En marzo de 2018, 11 países (Australia, Brunei, Canadá, Chile, Japón, Malasia, México, Nueva Zelanda, Perú, Singapur y Vietnam) firmaron el Tratado Integral y Progresista de Asociación Transpacífico. Las partes de este acuerdo reducen los aranceles para las importaciones agrícolas provenientes de los demás miembros, lo cual probablemente intensificará las relaciones comerciales entre los países participantes. Es también probable que el acuerdo tenga un efecto negativo en las exportaciones a países firmantes del acuerdo por parte de aquellos no firmantes. De nuevo, esos cambios influirán en los países individuales y en los flujos comerciales bilaterales más que en los mercados agrícolas mundiales.

La renegociación actual del Tratado de Libre Comercio de América del Norte (TLCAN) puede afectar la agricultura en América del Norte. El comercio agrícola creció con fuerza debido al TLCAN, que ayudó a conformar una región muy integrada. Ahora, más de 25% de las exportaciones de maíz de Estados Unidos se destinan a México, y un tercio de las exportaciones estadounidenses de carne de vacuno se envía a Canadá y México; cualquier trastorno de estos flujos comerciales podría afectar no solo al mercado de América del Norte sino al mundial.

Recuadro 1.5. **Posibles efectos de la imposición de aranceles adicionales a la importación de productos agrícolas estadounidenses por parte de China**

China es el mayor socio comercial de Estados Unidos. Las exportaciones totales de mercancías de China a Estados Unidos aumentaron de USD 84 Mm en 2000 a USD 506 Mm en 2017. En términos del comercio neto, Estados Unidos tiene un déficit anual de cerca de USD 375 Mm en comercio total de mercancías, en tanto que en los productos agrícolas mantiene un excedente de alrededor de USD 20 Mm con exportaciones de soya que representan USD 13 Mm.

En marzo de 2018, Estados Unidos impuso aranceles adicionales a la importación de productos de acero y aluminio, y anunció posibles medidas para responder a un supuesto trato injusto a las empresas estadounidenses que desean hacer negocios en China por motivos de violación a la propiedad intelectual. A su vez, las autoridades chinas suspendieron las concesiones arancelarias sobre múltiples productos estadounidenses —como frutas, nueces y carne de cerdo—, y anunciaron la posible imposición de aranceles adicionales sobre otros productos agrícolas. También se implantaron derechos *ad valorem* de 25% para la importación de carne de cerdo, y se anunció lo mismo para la soya y el sorgo.

Cerca de 60% de las exportaciones estadounidenses de soya se destina a China, país que depende en gran medida de las importaciones para cubrir sus necesidades internas. En 2017, China importó cerca de 96 Mt, que representan 64% de las importaciones mundiales de soya, en tanto que su producción fue de 13 Mt. Los aranceles adicionales a la soya disminuirían las importaciones de Estados Unidos, pero es probable que esto se compense con mayores compras a otros proveedores, en particular, Brasil y Argentina. Ello provocaría una

Recuadro 1.5. **Posibles efectos de la imposición de aranceles adicionales a la importación de productos agrícolas estadounidenses por parte de China** (*cont.*)

reasignación general del comercio, pues las exportaciones estadounidenses se redirigirían a otros mercados, sobre todo Europa y América Latina, cuando el diferencial de precios entre la soya de Estados Unidos y Brasil se amplíe de manera sustancial. Ya se observaron indicios de esto.

China adoptó otras medidas para contener las importaciones de sorgo de Estados Unidos. En 2017, 80% de las exportaciones estadounidenses de este producto se enviaba a China, lo que equivalía a cerca de USD 957 Mn. En febrero de 2018, China empezó por su cuenta una investigación antidumping y de derecho compensatorio sobre las importaciones de sorgo de Estados Unidos y, por tanto, en principio fuera del alcance de las medidas de represalia anunciadas por Beijing. Desde principios de abril, China solicita un depósito provisional sobre las importaciones de sorgo de Estados Unidos, equivalente a un derecho *ad valorem* de 178.6%. Dicha medida, aplicada a todas las empresas estadounidenses, provocó la detención de las exportaciones estadounidenses a China y el cambio de dirección de las embarcaciones ya en camino a dicho país. El aumento de las barreras comerciales a las importaciones de sorgo de China puede desencadenar efectos secundarios y tal vez reducir las altas reservas de maíz de China, o bien, estimular la importación de otros cereales forrajeros, en particular cebada, lo que abriría oportunidades a otros proveedores.

China es el mayor productor e importador de carne de cerdo del mundo. En 2017 produjo más de 53 Mt, cerca de 45% de la producción mundial, e importó cerca de 1.6 Mt. La industria depende mucho de la harina de soya para alimentar a los cerdos. En el mediano plazo, el aumento de los aranceles y, por consiguiente, de los costos de la soya y los cereales forrajeros elevaría los costos de producción para la industria china de carne de cerdo. Esto, junto con los mayores aranceles y los consecuentes precios más altos de carne de cerdo importada, puede causar notorios incrementos en los precios de la carne de cerdo nacional. China podría decidir cubrir sus necesidades con otros proveedores, como la Unión Europea, Canadá y Brasil.

En estas categorías de productos importantes, imponer aranceles adicionales de importación implicaría algunas pérdidas inmediatas tanto para los proveedores estadounidenses como para los consumidores chinos. Más allá de los trastornos inmediatos, los efectos de mercado generales deben ser moderados, pues los productos son muy comercializables y China puede importar de otros países, en tanto que Estados Unidos puede exportar a otros mercados. No obstante, desviar las rutas del comercio tiene un costo, en especial debido a la magnitud de Estados Unidos: la relación entre Estados Unidos y China respecto de la soya y la falta de socios alternativos. Los efectos serían mayores si China se propusiera cubrir la demanda no satisfecha con producción interna.

Principales aspectos de las proyecciones de los productos básicos

Cereales

Se prevé que la producción mundial de cereales se incrementará 13% para 2027, debido en gran parte a mayores rendimientos. En el caso del maíz y el trigo, la Federación de Rusia surge como un gran actor en los mercados internacionales, tras superar a la Unión Europea en 2016 y convertirse en el principal exportador de trigo. En cuanto al maíz, aumentará la participación de mercado de Brasil, Argentina y la Federación de Rusia, y disminuirá la de Estados Unidos. Se espera que Tailandia, India y Vietnam se mantengan como los principales proveedores de los mercados internacionales de arroz, y que Camboya y Myanmar capten un mayor porcentaje del mercado mundial de exportación. Se prevé que, durante el periodo de la proyección, los precios subirán ligeramente en términos nominales pero bajarán un poco en términos reales.

Semillas oleaginosas

Se espera que la producción mundial de semillas oleaginosas aumente alrededor de 1.5% anual, muy por debajo de las tasas de crecimiento de la década pasada. Brasil y Estados Unidos serán los mayores productores de soya, con volúmenes similares. El uso de la harina proteica aumentará con mayor lentitud debido al crecimiento más lento de la producción ganadera y a que se estancó la proporción de harina proteica en las raciones de forraje. Se espera que la demanda de aceite vegetal se incremente más lentamente debido a la desaceleración del crecimiento de uso alimentario per cápita en los países en desarrollo y al estancamiento previsto de la demanda de materias primas para biodiésel. La exportación de aceite vegetal seguirá dominada por Indonesia y Malasia, y la exportación de soya, otras semillas oleaginosas y harina proteica, por América. Se prevé que los precios aumentarán ligeramente en términos nominales durante el periodo de las perspectivas, con ligeras bajas en términos reales.

Azúcar

Se prevé que la producción de caña de azúcar y remolacha azucarera aumentará a un ritmo más lento que el de la década anterior. Se prevé que Brasil se mantendrá como el mayor productor, con fuertes perspectivas de crecimiento pronosticadas en India, China y Tailandia. Se espera que la demanda de edulcorantes calóricos (azúcar y jarabe de glucosa rico en fructosa) aumente con mayor rapidez que la de la mayoría de los productos básicos. El consumo per cápita permanecerá sin cambio en los países desarrollados y en algunos países en desarrollo en los que el consumo alcanzó niveles que despiertan preocupación en términos de salud. En Asia y África se espera que el crecimiento demográfico y la urbanización sostengan el incremento del consumo de azúcar. Brasil seguirá representando cerca de 45% de la exportación mundial, lo que lo convertirá en el mayor exportador. Se prevé que los precios del azúcar seguirán una tendencia ascendente moderada en términos nominales, pero descendente en términos reales.

Carne

Se prevé que la producción mundial de carne será 15% mayor en 2027 en relación con el periodo base. Los países en desarrollo representarán 76% del incremento de la producción, y la carne de aves de corral será la que aumente con mayor rapidez. No obstante, se espera que los consumidores de los países en desarrollo incrementen y diversifiquen su consumo de carne hacia la de mayor precio, como la de vacuno y de bovino. Se espera que la demanda de importaciones siga fuerte en Asia, con un importante crecimiento en Filipinas y Vietnam; otros grandes importadores serán China, Corea y Arabia Saudita. Se prevé que la combinación de las cuotas de exportación de los dos mayores exportadores de carne, Brasil y Estados Unidos, subirá a cerca de 45%. Se prevé que los precios nominales de la carne aumentarán paulatinamente hasta 2027, cuando los precios reales tenderían a bajar.

Lácteos

Se prevé que el crecimiento de la producción mundial de leche se elevará 22% durante el periodo de la proyección y un gran porcentaje del aumento provendrá de Pakistán e India. Se prevé que en 2027, estos dos países en conjunto representarán 32% de la producción mundial de leche. La mayor parte de la producción adicional en estos países se consumirá internamente como productos lácteos frescos. Se espera que, durante el periodo de la proyección, el porcentaje de la Unión Europea de la exportación mundial de productos lácteos básicos suba de 27% a 29%. A medida que la burbuja de la mantequilla de 2017 siga desinflándose, los precios nominales y reales de la mantequilla disminuirán durante el periodo de la proyección. Excepto las leches en polvo, se espera que los precios de los lácteos bajen en términos reales.

Pescado

La producción mundial de pescado seguirá en aumento, aunque a un ritmo muy reducido en comparación con la década anterior. La producción adicional proviene por completo de un crecimiento constante pero ralentizado de la acuicultura, en tanto que se espera que la pesca de captura disminuya un poco. Los cambios de políticas en China implican una reducción potencialmente grande del crecimiento de su producción de acuicultura y pesca de captura. Los países asiáticos representarán 71% del aumento del consumo de pescado como alimento y el consumo humano de pescado per cápita se elevará en todos los continentes con excepción de África. El pescado y los productos pesqueros seguirán comercializándose en gran medida; los países asiáticos se mantendrán como los principales exportadores de pescado para consumo humano, mientras que los países de la OCDE se mantendrán como los principales importadores. Los precios del pescado subirán en términos nominales, pero permanecerán muy estables en términos reales.

Biocombustibles

Con los actuales acontecimientos en materia de política y las tendencias en la demanda de diésel y gasolina, se espera que la producción mundial de etanol se incremente de 120 Mml en 2017 a 131 Mml para 2027, en tanto que la producción mundial de biodiésel aumentaría de 36 Mml en 2017 a 39 Mml para 2027. No se espera que los biocombustibles avanzados basados en desechos prosperen durante el periodo de la proyección debido a falta de inversión en investigación y desarrollo. Se prevé que el comercio de biocombustibles seguirá limitado. Se espera que durante la próxima década los precios mundiales de biodiésel y etanol disminuyan 14% y 8% respectivamente, en términos reales; sin embargo, la evolución de los mercados de etanol y biodiésel seguirá dependiendo de las políticas y la demanda de combustibles para transporte, lo que implica una considerable incertidumbre respecto de estas proyecciones.

Algodón

Se prevé que la producción mundial de algodón se incrementará a un ritmo más lento que el consumo durante los primeros años del periodo de las perspectivas, lo que reflejará los menores precios y la liberación de reservas mundiales acumuladas entre 2010 y 2014. India se mantendrá como el segundo mayor productor de algodón del mundo, y se prevé que la superficie mundial dedicada al algodón se recuperará ligeramente pese a la disminución de 3% en China. Se prevé que el procesamiento de algodón en rama en China mantendrá su tendencia descendente de largo plazo, en tanto que India se convertirá en el mayor consumidor mundial de algodón industrial. En 2027, Estados Unidos seguirá siendo el principal exportador mundial y representará 36% de la exportación mundial. Se espera que los precios del algodón sean menores que en el periodo base (2015-2017) tanto en términos reales como nominales, pues el precio mundial del algodón se encuentra bajo presión continua de los altos niveles de existencias y la competencia de las fibras sintéticas.

Recuadro 1.6. **Supuestos macroeconómicos y de políticas públicas**

Principales supuestos subyacentes a la proyección base

Las *Perspectivas* presentan un escenario considerado factible conforme a los supuestos sobre el entorno macroeconómico, de políticas públicas y demográfico, que sustentan las proyecciones sobre la evolución de la demanda y la oferta de productos agrícolas y pesqueros. Los supuestos macroeconómicos en las *Perspectivas Agrícolas* se basan en la *Perspectiva Económica de la OCDE* (noviembre de 2017) y en la *Perspectiva*

Recuadro 1.6. **Supuestos macroeconómicos y de políticas públicas** *(cont.)*

Económica Mundial del Fondo Monetario Internacional (FMI) (octubre de 2017). En este recuadro se analizan en detalle estos y otros supuestos.

Crecimiento mundial

Después de un crecimiento particularmente débil en 2016, el alza de la recuperación mundial cobró fuerza en 2017, con un crecimiento de 3.6 %. Se esperan tasas similares de crecimiento en 2018 y 2019. En las economías avanzadas, el crecimiento se acelera en Europa, Canadá, Japón y Estados Unidos, y la inflación aún es moderada, aunque el crecimiento con estas tasas quizá no sea sostenible en el mediano plazo. El crecimiento mundial se ve impulsado sobre todo por las economías de mercado emergentes y en desarrollo, pero aún es desequilibrado, en particular en el caso de algunos exportadores de productos básicos.

Figura 1.29. **Tasas de crecimiento del PIB en la OCDE y algunos países en desarrollo**

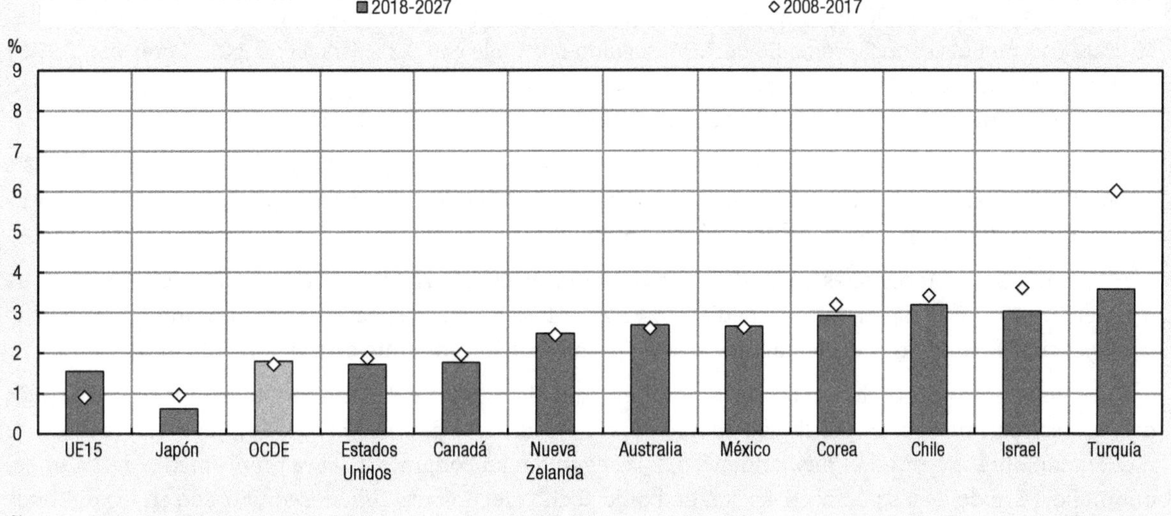

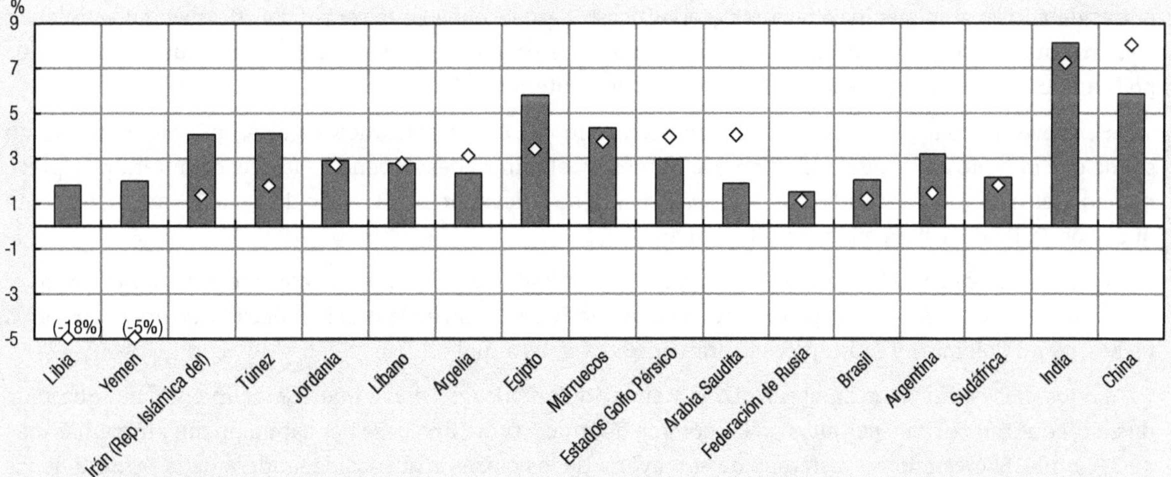

Nota: En el segundo panel solo se muestran los países en desarrollo seleccionados. Los supuestos de todos los países están disponibles en el Anexo estadístico disponible en línea.

Fuente: OCDE/FAO (2018), "OCDE-FAO Perspectivas Agrícolas", *Estadísticas de la OCDE sobre agricultura* (base de datos), *http://dx.doi.org/10.1787/agr-outl-data-en*.

StatLinks *http://dx.doi.org/10.1787/888933848550*

Recuadro 1.6. **Supuestos macroeconómicos y de políticas públicas** *(cont.)*

Se prevé que el crecimiento en Estados Unidos aumentará a 2.2% en 2017 y 2.5% en 2018, apoyado en estímulos fiscales, condiciones financieras favorables y una mayor confianza entre consumidores e inversionistas. Se prevé que durante los próximos 10 años el crecimiento será moderado, con una tasa anual promedio de 1.7%.

Se prevé que la recuperación en la zona del euro cobrará fuerza este año, con un crecimiento de 2.1%, y bajará un poco en 2019, a 1.9%, pero permanecerá moderado en la próxima década debido a una baja productividad y un bajo crecimiento demográfico. Para los miembros de la UE15 en su conjunto, se espera una tasa de crecimiento anual promedio de 1.6% durante el periodo de la proyección.

Tras un repunte de 1.5% en 2017, se prevé que el crecimiento en Japón disminuirá de nuevo en 2018 y 2019, a 1.2% y 1.0%, respectivamente. Se prevé que el crecimiento promedio anual del PIB bajará a 0.6% durante el periodo de la proyección debido a una menor fuerza laboral.

Entre los países de la OCDE, se espera que Turquía experimente el mayor crecimiento durante los próximos 10 años, con una tasa anual promedio de 3.6%, seguido por Chile con 3.2%, Israel con 3.0%, Corea con 2.9%, y Australia y México con 2.7%. En Canadá el crecimiento muestra una gran recuperación en 2017, de 3.0%, pero se prevé que en 2018 bajará a 2.1% y no excederá el 1.8% en promedio durante la próxima década.

Se prevé que el crecimiento de China seguirá en desaceleración para llegar a un promedio de 5.8% durante los próximos 10 años, en comparación con 8.0% de la década pasada; por su parte, en India se anticipa un crecimiento fuerte de 8.1% anual en promedio.

Después de las recesiones de 2016, el crecimiento en Brasil, Argentina y la Federación de Rusia se recuperó en 2017 y se espera que promedie 2.0%, 3.2% y 1.5% al año, respectivamente, durante el periodo de la proyección. En Sudáfrica el crecimiento deberá promediar 2.2% durante el periodo de 10 años.

El crecimiento económico en la región de Oriente Medio y África del Norte se está recuperando después de una recesión provocada por la debilidad de los mercados del petróleo crudo. Se prevé un crecimiento moderadamente mayor en el mediano plazo, y la región en su conjunto crecerá un promedio de 3% anual durante el periodo de las perspectivas; sin embargo, dicho crecimiento será desequilibrado en los distintos países debido en gran medida a factores geopolíticos. Se prevé que Egipto será el país de mayor crecimiento, con un aumento de 5.9% al año del PIB. Se prevé que otros países crecerán entre 2% y 5 % anual, pero algunos podrían no recuperar el terreno perdido en la década anterior.

Se prevé que los países emergentes en desarrollo del Sudeste asiático seguirán experimentando un sólido crecimiento en el mediano plazo, y al menos igualarán su desempeño de la década anterior. Se prevé que en Vietnam, Indonesia y Filipinas el crecimiento se ubicará en el intervalo de 5% a 7% anual, en tanto que el de Tailandia estará en torno a 3.1% al año.

En la región de América Latina y el Caribe el crecimiento económico varía considerablemente por país. En tanto que Brasil y Argentina podrían crecer con relativa lentitud en la próxima década, se prevé que otros países, como Colombia y Chile, promediarán entre 3% y 4% anual.

En los países africanos en desarrollo y menos adelantados, se prevé que el crecimiento, aunque muy diverso, continuará con tasas altas en la próxima década, y sobre una base per cápita puede promediar más de 3% anual. El crecimiento sostenido de la mayoría de los países africanos dependerá de la firmeza de los mercados de productos básicos y de las reformas de políticas pública internas.

Crecimiento demográfico

Se espera que el crecimiento demográfico mundial se desacelere a 1% anual durante la próxima década, en comparación con 1.3% al año de la década pasada. Los países en desarrollo aún impulsan dicho

Recuadro 1.6. **Supuestos macroeconómicos y de políticas públicas** *(cont.)*

crecimiento, en particular los de África, que se espera registren la tasa de crecimiento más rápida de 2.4% anual. La región de Asia y Pacífico representará cerca de la mitad de la población mundial, e India, con 138 Mn de personas más de aquí a 2027, superará a China como el país más poblado del mundo.

Entre los países de la OCDE se esperan reducciones de población durante los próximos 10 años: en Japón se reducirá más de 4 Mn, y en la Federación de Rusia, 2.1 Mn. Se espera que la población de la Unión Europea permanezca estable. Australia y México tienen el mayor crecimiento demográfico previsto entre los países de la OCDE, con 1.1% anual.

Inflación

Se prevé que las tasas de inflación aumentarán durante los próximos cinco años, tanto en las economías de mercado avanzadas como en las emergentes y en desarrollo. Esto refleja la recuperación de la demanda y el aumento de los precios de los productos básicos, incluidos los de la energía. La inflación aumentó en los países de la OCDE en 2017, al promediar cerca de 2%, pero continuó débil en Australia y Canadá, con alrededor de 1%, y se acercó a 0% en Japón.

Se prevé que la inflación se incrementará paulatinamente en Estados Unidos, con un promedio de 2.3% anual durante los próximos 10 años. Para los miembros de la UE15 en su conjunto, se prevé una tasa de inflación anual promedio de 1.8% los próximos 10 años. Se espera que la inflación aumente un poco en Japón, con un promedio de 1.6% anual. Entre las principales economías emergentes, se prevé que la inflación de los precios al consumidor se mantendrá estable en China, con cerca de 2.6% al año en promedio durante el periodo de la proyección, y disminuirá lentamente en Brasil, con 4.1% anual, en tanto que la tasa de inflación en la Federación de Rusia se reducirá a 4.0% al año en promedio.

Tipos de cambio

Se parte del supuesto de que los tipos de cambio nominales para el periodo 2018-2027 se deben sobre todo al diferencial de inflación en relación con Estados Unidos (con cambios menores o sin cambios en términos reales).

En 2017 el euro se apreció un poco en términos nominales respecto del dólar estadounidense, y se apreciará más en 2018 antes de depreciarse de nuevo durante los próximos 10 años. Se espera que las monedas de China y Japón se aprecien en términos nominales en relación con el dólar estadounidense durante los próximos 10 años. A la inversa, se prevé una fuerte depreciación de las monedas de Argentina, Brasil, India, Sudáfrica, Turquía, Paraguay y Nigeria, y depreciaciones menores de las de Corea, Australia, México, la Federación de Rusia y Canadá.

Precios de energéticos

Los datos históricos sobre los precios mundiales del petróleo a 2016 se basan en los precios del petróleo crudo Brent obtenidos de la actualización de corto plazo de la *Perspectiva Económica de la OCDE* núm. 102 (noviembre de 2017). Para 2017 se utilizó el precio al contado mensual promedio por año, y para 2018, el promedio de diciembre del precio al contado diario. Los precios del petróleo durante el periodo de la proyección siguen la trayectoria del precio promedio del petróleo crudo del Banco Mundial pronosticado por las previsiones de precios de los productos básicos del Banco Mundial, publicadas en octubre de 2017.

En 2017, los precios del petróleo crudo empezaron a recuperarse después de la ampliación del acuerdo de producción firmado por la Organización de Países Exportadores de Petróleo (OPEP) y, pese a la fuerte producción de petróleo esquisto en Estados Unidos, se prevé que continuarán aumentando moderadamente durante los próximos años. De acuerdo con las proyecciones base se espera que los precios nominales del petróleo suban con una tasa promedio anual de 1.8% durante el periodo de las perspectivas, de USD 54.7

Recuadro 1.6. **Supuestos macroeconómicos y de políticas públicas** *(cont.)*

por barril en 2017 a USD 76.1 por barril para 2027. (En el Recuadro 1.3 se abordan las implicaciones de un escenario distinto de precios del petróleo.)

Consideraciones en materia de políticas públicas

Las políticas públicas desempeñan una función importante en los mercados agrícolas, de biocombustibles y pesqueros, pues a menudo las reformas en este ámbito cambian la estructura de los mercados. En estas *Perspectivas* se parte del supuesto de que las políticas permanecerán sin cambio durante todo el periodo de la proyección. La decisión del Reino Unido de salir de la Unión Europea no se incluye en las proyecciones, pues aún no se deciden los términos de dicha acción. En estas *Perspectivas*, las proyecciones para el Reino Unido se mantienen dentro del agregado de la Unión Europea. Respecto de los acuerdos comerciales bilaterales, solo se incorporan los que se han ratificados o puesto en práctica. Por consiguiente, el Tratado de Libre Comercio de América del Norte (TLCAN) permanece sin cambio durante todo el periodo de proyección de las *Perspectivas*, en tanto que se incorpora el Acuerdo Económico y Comercial Global (AECG), implementado en parte, pero aún no ratificado. El Tratado Integral y Progresista de Asociación Transpacífico (CPTPP), que se firmó en marzo de 2018 y sustituyó al Acuerdo de Asociación Transpacífico (TPP) tras el retiro de Estados Unidos, aún no se ratifica y no se incluye. La prohibición de importaciones provenientes de países específicos por parte de la Federación de Rusia se anunció como una medida temporal, y el supuesto en estas *Perspectivas* es que se revocará a finales de 2018. Los supuestos específicos sobre políticas de biocombustibles se analizan en detalle en su capítulo correspondiente.

Bibliografía

Araujo-Enciso, S.R., S. Pieralli e I. Pérez Domínguez (2017), "Partial Stochastic Analysis with the Aglink-Cosimo Model: A Methodological Overview", *JRC Technical Report*, EUR 28863 EN, doi: 10.2760/680976.

Capítulo 2

La región de Oriente Medio y África del Norte: perspectivas y retos

En este capítulo se analizan las perspectivas y los retos afrontados por el sector agrícola en la región de Oriente Medio y África del Norte (MENA). Una preocupación que predomina en ella es su alta y creciente dependencia de los mercados internacionales para abastecerse de productos alimentarios básicos clave, a medida que aumenta la escasez de tierra de cultivo y de agua. Las políticas de la región apoyan la producción y el consumo de cereales, por lo que en 65% de la tierra de cultivo se siembran cereales que requieren regadío, en particular trigo, el cual representa un gran porcentaje de la ingesta de calorías. Las perspectivas para la región de MENA proyectan un lento crecimiento del consumo de alimentos, cambios paulatinos en la dieta para incluir un mayor consumo de productos ganaderos, un uso constante del agua a un ritmo insostenible, así como una continua y creciente dependencia de los mercados mundiales. Un enfoque alternativo a la seguridad alimentaria reorientaría las políticas hacia el desarrollo rural, la reducción de la pobreza y el apoyo a la producción de productos hortícolas de mayor valor. Dicho cambio contribuiría a conformar dietas más diversificadas y saludables, pero requeriría desarrollar la capacidad de los agricultores de reducir el riesgo y a la vez aumentar los cultivos de mayor valor.

Introducción

La región de Oriente Medio y África del Norte (MENA)[1] está formada por un grupo heterogéneo de países, desde los exportadores de petróleo del Golfo, con ingresos altos, países con ingresos medios y medios bajos, hasta PMA, como Sudán, Yemen y Mauritania (Cuadro 2.1, col. 1). Al ser una de las regiones con mayor importación neta de alimentos del mundo, afronta considerables incertidumbres, tanto del lado de la oferta como del lado de la demanda. Las primeras incluyen las limitaciones para la base de la producción y su sostenibilidad. Algunas de las inquietudes del lado de la demanda son el impacto del continuo conflicto geopolítico, la inestabilidad de los mercados mundiales del petróleo —producto que aporta la fuente primaria de riqueza económica de la región— y los crecientes dilemas relacionados con la dieta y la nutrición.

Una inquietud que predomina en la región de MENA es la fuerte y creciente dependencia de los mercados internacionales para adquirir productos alimentarios básicos. Esta inquietud ha dado paso a un conjunto de políticas que parecen notablemente inadecuadas si se consideran los recursos de la región. Por ejemplo, en tanto que MENA es una de las regiones más limitadas en términos de tierra y agua del planeta, tiene las tarifas más bajas del mundo para este líquido y brinda un fuerte subsidio al consumo de agua, con cerca de 2% de su PIB. Como resultado, la productividad en el uso del agua es apenas la mitad del promedio mundial (Banco Mundial, 2018). Los modelos regionales de cultivo son también difíciles de conciliar con el grado de escasez de agua. Aunque tanto las frutas como las verduras consumen menos agua y brindan mayores rendimientos económicos por gota, cerca de 60% de la tierra cultivada sigue dedicada a cereales que requieren agua, pese a que la mayoría de los países de la región tienen una ventaja comparativa en la exportación de frutas y verduras. Una de las principales razones de la aparente incongruencia entre las políticas públicas y la escasez de agua es la visión de la seguridad alimentaria que apunta a reducir la dependencia de importaciones, sobre todo en el caso de los cereales. Al mismo tiempo, muchos países subsidian el consumo de productos alimenticios básicos, lo cual, junto con los ingresos al alza, contribuye a un consumo excesivo de almidones y azúcares que provoca problemas alimentarios y sanitarios, como la obesidad (FAO, 2017c).

En este capítulo se consideran, en primer lugar, algunas de las principales características de la agricultura y la pesca en la región de MENA, para después analizar su desempeño en términos de recursos, producción, consumo y comercio. En seguida, se presentan las proyecciones a mediano plazo (2018-2027) para los sectores agrícola y pesquero, y se concluye con un análisis de la manera como pueden evolucionar las balanzas de mercado y los principales riesgos e incertidumbres que pudieran afectar su evaluación.

El contexto

Pese a su carácter heterogéneo, los países de la región de MENA comparten diversas características, que se destacan en el Cuadro 2.1. La región creció poco: el PIB per cápita aumentó solo 1.6% al año de 2001 a 2016, en tanto que los países de ingresos medios en general crecieron 4.3% anual durante el mismo periodo (col. 2). Ello se debe en parte al crecimiento demográfico relativamente alto de la región, que aún se encontraba por arriba de 2% anual en la década pasada, cifra mayor que la tasa de crecimiento mundial promedio de los países de ingresos medios durante ese periodo (1.3% anual). La región padece también serias restricciones en lo que a tierra se refiere. En dos tercios de los países de la región, menos de 5% de la tierra es cultivable y muchos países (Arabia Saudita, Líbano, Túnez, Marruecos, Yemen, Mauritania y República Árabe Siria) tienen enormes pastizales desérticos para el pastoreo del ganado. La región es la que sufre el mayor estrés hídrico del mundo, y dos tercios de los países aún utilizan aguas subterráneas a tasas que rebasan los recursos internos de agua dulce renovables (col. 4).[2] Sin embargo, la región de MENA tiene los precios de agua más bajos del mundo, invierte cantidades enormes de recursos en subsidios del líquido (cerca de 2% del PIB) y su productividad hídrica total alcanza apenas la mitad del promedio mundial (Banco Mundial, 2018).

Cuadro 2.1. **Indicadores contextuales de los países de la región de Oriente Medio y África del Norte, 2014**

	PIB per cápita		Tierra agrícola	Tierra arable	Recursos internos de agua dulce renovables	Extracciones de agua dulce anuales	Exportaciones (2014)	Importaciones (2013)
	USD actuales	Crecimiento en % por año, 2000-2016	% de superficie total de tierra (2014)		(2014) Mm m³		Porcentaje de combustibles minerales, lubricantes y productos químicos (%)	Coeficiente de autosuficiencia (%)
	(1)	(2)	(3)		(4)		(5)	(6)
Qatar	86 853	0.6	6	1	0.06	0.44	87	3
Emiratos Árabes Unidos	44 450	-2.1	5	0	0.15	4.00	38	
Kuwait	42 996	0.1	9	1	0.0	0.9	94	
Bahrein	24 983	-0.1	11	2	0.0040	0.3574	48	
Arabia Saudita	24 575	1.2	81	2	2	24	90	33
Omán	20 458	-0.2	5	0	1.40	1.32	79	5
Líbano	8 537	0.4	64	13	4.8	1.3	13	41
Iraq	6 703	2.7	21	12	35	66	95	54
Libia	5 603	-2.4	9	1	0.7	5.8	77	
Irán (Rep. Islámica del)	5 541	2.5	28	9	129	93	77	85
Argelia	5 466	2.0	17	3	11	8	98	64
Túnez	4 270	2.3	65	19	4	3	14	75
Jordania	4 067	1.1	12	3	0.7	0.9	32	38
Egipto	3 328	2.2	4	3	2	78	31	72
Marruecos	3 155	3.0	69	18	29	10	16	80
Autoridad Palestina	2 961	0.6	50	11	0.81	0.42	6	16
Sudán	2 177	4.2	29	8	4	27	64	85
Rep. Árabe Siria	2 058	2.1	76	25	7	17	24	
Yemen	1 647	-2.4	45	2	2	4	41	50
Mauritania	1 327	1.4	39	0.4	0.4	1.4	4	

Nota: Todas las estimaciones del PIB per cápita corresponden a 2014, excepto en los casos de Libia (2011) y la República Árabe Siria (2007), donde los conflictos bélicos afectaron la disponibilidad de datos confiables. El aumento del PIB per cápita de la República Árabe Siria corresponde a 2000-2007, y de Libia, a 2000-2011. La tierra arable incluye tierra con cultivos de temporal, praderas de temporal, huertos familiares y tierras de barbechos de temporal. La tierra agrícola incluye tierra arable, así como tierra de cultivos y pastizales permanentes. El coeficiente de autosuficiencia del Cuadro 2.1 se expresa en términos de valor: (valor de la producción agrícola en dólares estadounidenses actuales)*100/(valor de la producción agrícola bruta en dólares estadounidenses actuales + valor de las importaciones en dólares estadounidenses actuales – valor de las exportaciones en dólares estadounidenses actuales).

Fuente: Banco Mundial (2018); UNCTAD (2018); FAO (2018a, 2018b).

El alcance de las exportaciones de mercancías de la región es aún limitado; más de dos tercios de ellas consisten en combustibles minerales, lubricantes y productos químicos (col. 5). Este estrecho intervalo de productos provoca que las exportaciones de la región de MENA sean casi 10 veces más concentradas que las del resto del mundo. Mientras el índice de concentración de las exportaciones del mundo fue de 0.06 en 2014, en la región de MENA dicho índice fue de 0.44 (UNCTAD, 2018).[3] No obstante, hay una gran diversidad en la dependencia de las exportaciones de petróleo de la región. Países como Iraq, Argelia, Arabia Saudita, Qatar y Kuwait exportan más que nada productos minerales, lubricantes y químicos, mientras Mauritania, la Autoridad Palestina, Líbano y Marruecos exportan muy pocos de estos productos.

Por último, pese a que en los pasados 50 años la región acrecentó de manera drástica su participación en los mercados agrícolas mundiales como porcentaje del PIB, este incremento se debió sobre todo al aumento de las importaciones. En 2013, la producción agrícola interna representó 65% del valor de los productos agrícolas consumidos internamente, aunque este porcentaje varió de 3% en Qatar a 85% en Sudán y la República Islámica del Irán (col. 6). Los productos agrícolas restantes se abastecieron con importaciones.

Uso agrícola de los recursos naturales en la región de MENA

La región de MENA es un entorno difícil para la agricultura. La tierra y el agua escasean, y tanto la tierra de secano como la de riego en uso sufren un continuo deterioro por la erosión eólica e hídrica y las prácticas agrícolas insostenibles. En la mayoría de los países, las granjas son muy pequeñas y, por consiguiente, están sujetas a las dificultades que experimentan los pequeños productores del mundo entero. Además, se predice que en la región aumentará el calor y la sequía debido al cambio climático.

Solo un pequeño porcentaje de la tierra de la región es cultivable

De la superficie total de tierra de la región de MENA, solo un tercio es de agricultura (tierra de cultivo y pastizales), en tanto que únicamente 5% es apta para la labranza (cultivable) (Cuadro 2.1). El resto es urbana o desértica. Debido a la sequía, cerca de 40% de la superficie de cultivo de la región requiere riego (FAO, 2018a, 2018b). En la Figura 2.1 se muestra que solo

Figura 2.1. **Índice de adecuación para el cultivo de África del Norte y Asia Occidental (clase) en cereales de secano de bajos insumos, 1961-1990**

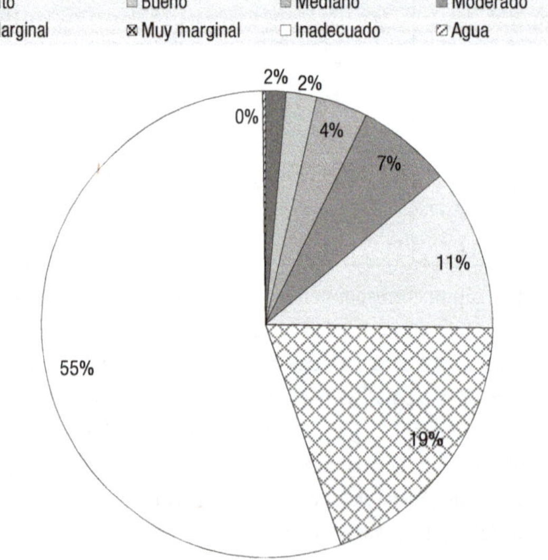

Fuente: FAO (2018c).

StatLinks http://dx.doi.org/10.1787/888933848569

4% de la tierra de la región tiene suelo considerado con una adecuación elevada o buena para el cultivo de cereales de secano, en comparación con 55% que es inadecuado.

Además de la falta de tierra apropiada para el cultivo, el suelo que ahora se usa para fines agrícolas está gravemente degradado, al grado que se estima que su productividad se ha reducido hasta 30%-35% de sus posibilidades (Recuadro 2.1). La degradación de suelos en los sistemas de secano es resultado de la erosión eólica e hídrica, mientras que en los sistemas de riego las prácticas agrícolas en sí mismas son responsables de la salinización y la sodicidad del suelo.[4] Se estima que tres cuartas partes de las 30 Mha de tierra de secano de la región padecen degradación. En estudios recientes se ha estimado que el costo económico de la degradación de la tierra de la región es de USD 9 Mm al año (entre 2% y 7% del PIB de cada país). Por sí solas, las pérdidas por salinización en toda la región se calculan en USD 1 Mm al año, o de USD 1 600 a USD 2 750 por hectárea de tierra afectada (CESPAO y FAO, 2018).

Recuadro 2.1. **Iniciativas para atender las cuestiones relativas a la calidad de los suelos en la región de MENA**

Cero labranzas. Arar un suelo acarrea muchas consecuencias perjudiciales, como pérdida de la humedad y materia orgánica, lo que acrecienta la vulnerabilidad a la erosión eólica e hídrica. La agricultura sin o con mínima labranza puede evitar estos problemas al eliminar el arado y dejar el suelo intacto. Las raíces que permanecieron tras el cultivo anterior estabilizan el suelo, con lo que lo protegen contra la erosión, en tanto que la materia orgánica que se encuentra por encima se suma a la fertilidad y a la capacidad de almacenamiento de agua del suelo. Se emplean sembradoras de tracción para insertar las semillas y los fertilizantes directamente al suelo sin ararlo. No obstante, estas sembradoras son caras, y la mayoría de los pequeños productores no pueden pagar su precio, de hasta USD 30000. Un proyecto reciente de ICARDA y el Gobierno australiano apunta a resolver este problema. Trabajando con agricultores y artesanos locales, el proyecto produjo y distribuyó casi 200 sembradoras a precio asequible que ahora se utilizan en la República Árabe Siria, Iraq, Líbano, Jordania, Argelia, Túnez y Marruecos.

Mapas de suelos. Contar con datos sobre suelos es importante para los agricultores y los responsables de la formulación de políticas públicas. No obstante, a menudo los mapas de suelos son obsoletos, de baja resolución y poco comprensibles. El Instituto de Mapeo Digital de Suelos con sede en Amán opera como un centro neurálgico regional para un consorcio mundial de científicos e investigadores. El consorcio elabora GlobalSoilMap.net, que combina datos de varias fuentes y los presenta en un formato sencillo para el usuario, que se dirige a públicos muy variados. Los datos incluyen pH del suelo; conductividad eléctrica de almacenamiento del agua y el contenido de carbón, provenientes de detección remota, espectroscopia en el infrarrojo cercano y medio y muestras de campo. La iniciativa también aprovecha el sistema de la Alianza Mundial por el Suelo de la Red Internacional de Instituciones de Información del Suelo (INSII). Además, la Unión Europea, la Unión Africana y la FAO publicaron en fecha reciente un Atlas de Suelos de África (Jones et al., 2013).

Fuentes: www.icarda.org/conservation-agriculture/zero-tillage-seeders, citado en CESPAO y FAO (2018).

La productividad de la tierra es baja en comparación con otras regiones

Un indicador general de la productividad del uso de la tierra es el valor de producción agrícola bruta por hectárea de tierra agrícola, que es menor en la región de MENA que en la mayoría de las zonas del mundo (Cuadro 2.2).[5] De las regiones principales, solo África subsahariana tiene un desempeño inferior. El bajo valor de la producción por hectárea refleja el alto porcentaje de tierra arable dedicado a cultivos de zonas templadas de bajo rendimiento, así como la baja productividad de los pastizales desérticos. No todos los países tienen tan mal desempeño. Egipto, que cuenta con suelos ricos, producción de cereales de regadío y prácticamente carece de pastizales, produce más de USD 6000 de productos por cada hectárea de tierra agrícola, en tanto que Bahrein, que únicamente produce cultivos hortícolas y ganado, obtiene más de USD 4000 de productos. Jordania, Líbano, la Autoridad Palestina, los Emiratos Árabes Unidos y Kuwait también producen más de USD 1000 de productos por hectárea con una superficie muy pequeña dedicada a los cereales.[6]

El Cuadro 2.2 también permite comparar el crecimiento de la productividad de la tierra en la región de MENA, en comparación con otras regiones en desarrollo. Si bien los avances de la década de 1970 fueron buenos, el desempeño relativo de la región de MENA fue menos impresionante en décadas más recientes. Desde los años de 1980, el crecimiento década por década de la región de MENA se ubica en último lugar de las cuatro regiones en desarrollo presentadas en el Cuadro 2.2, lo cual indica un relativo deterioro de su desempeño en comparación con otras regiones en desarrollo.

Cuadro 2.2. **Valor de la producción bruta por hectárea de tierra agrícola (precios constantes 2004-2006 en miles de dólares internacionales por año)**

	1961-1970	1971-1980	1981-1990	1991-2000	2001-2014
Mundo	189	234	286	334	449
Europa Occidental	1 284	1 541	1 810	1 878	1 962
América del Norte	261	326	375	449	540
Asia Oriental	209	269	364	518	829
América Latina y el Caribe	138	169	213	258	373
África subsahariana	55	67	79	104	146
MENA	85	111	142	162	226

Fuente: FAO (2018b).

En cultivos hortícolas (como naranja y tomate), la región de MENA tiene rendimientos similares al promedio mundial. Sin embargo, los rendimientos promedio de los cultivos de zonas templadas, como trigo y semillas oleaginosas, se encuentran muy por debajo de los niveles mundiales (Cuadro 2.3). Ahora bien, este bajo porcentaje oculta diferencias entre países, pues los rendimientos varían según el riego y la aplicación de fertilizantes y otros insumos. Egipto, Kuwait, Arabia Saudita, los Emiratos Árabes Unidos, Omán y Líbano tuvieron rendimientos de trigo de más de 3 t/ha en 2010-2016 (Figura 2.2). Cada uno de estos países cuenta con producción de trigo de regadío, y en el periodo 2010-2015 aplicó entre 100 kg y 600 kg de fertilizantes (en términos de peso de nutrientes) por hectárea de tierra arable por año (FAO, 2018b).

Cuadro 2.3. **Rendimiento promedio de naranja, tomate, trigo y semillas oleaginosas, por región, 2010-2016 (toneladas por hectárea)**

	Naranja	Tomate	Trigo	Semillas oleaginosas
Mundo	17.9	35.2	3.2	3.2
Europa Occidental	5.8	269.5	7.2	3.2
América del Norte	28.3	91.1	3.1	2.0
Asia Oriental	15.3	52.1	5.0	2.8
América Latina y el Caribe	19.3	38.7	3.1	4.5
África subsahariana	17.6	7.8	2.5	1.8
MENA	17.9	37.8	2.2	0.9

Fuente: FAO (2018b).

Figura 2.2. **Rendimiento promedio del trigo en la región de MENA, por país, 2010-2016**

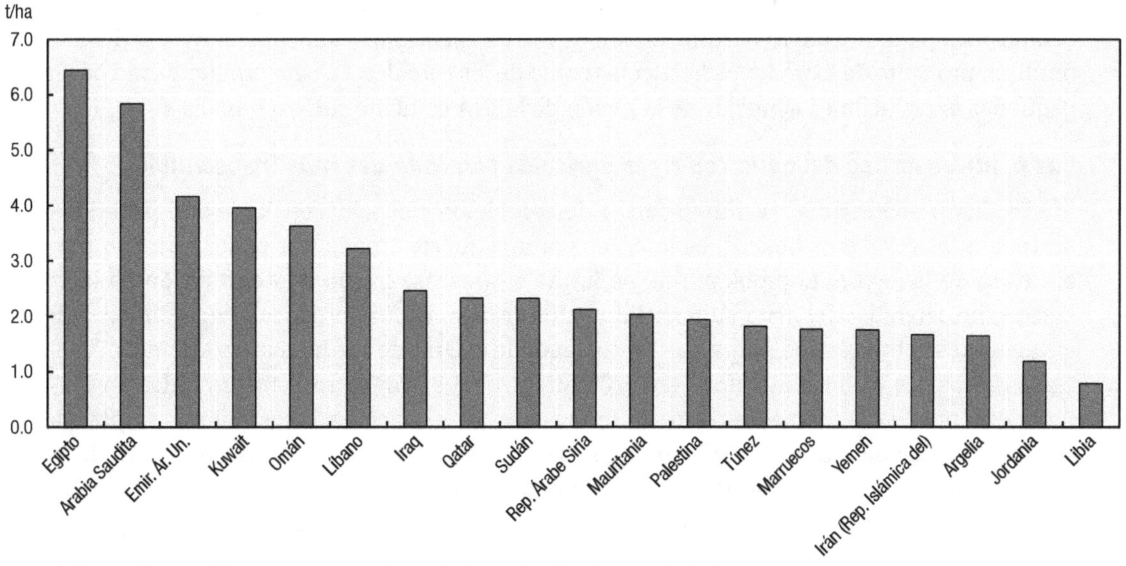

t/ha
7.0
6.0
5.0
4.0
3.0
2.0
1.0
0.0
Egipto
Arabia Saudita
Emir. Ár. Un.
Kuwait
Omán
Líbano
Iraq
Qatar
Sudán
Rep. Árabe Siria
Mauritania
Palestina
Túnez
Marruecos
Yemen
Irán (Rep. Islámica del)
Argelia
Jordania
Libia

Nota: Arabia Saudita quedó en gran parte excluida de la producción de trigo de 2015.
Fuente: FAO (2018b).

StatLinks http://dx.doi.org/10.1787/888933848588

Cuadro 2.4. **El mundo y la región de MENA: crecimiento anual promedio de la producción, rendimiento y superficie de naranja, tomate, trigo y semillas oleaginosas, 1971-2016 (%)**

	Naranja	Tomate	Trigo	Semillas oleaginosas
Mundo				
Producción	2.3	3.5	1.7	4.4
Rendimiento	0.4	1.4	1.7	2.2
Superficie cultivada	1.9	2.1	0.1	2.2
MENA				
Producción	3.1	4.2	2.4	-1.0
Rendimiento	0.6	2.5	2.2	-1.2
Superficie cultivada	2.5	1.6	0.2	0.2

Fuente: FAO (2018b).

La producción de cultivos hortícolas y cereales aumentó durante el periodo 1971-2016 debido al aumento de la superficie y también a mayores rendimientos. No sucedió lo mismo con las semillas oleaginosas, cuya producción se redujo con el tiempo. En el caso de la naranja, el tomate y el trigo, los rendimientos en la región de MENA se incrementaron a una tasa un poco mayor que el promedio mundial. Más aún, el crecimiento de la superficie fue más fuerte en los cultivos hortícolas que en los cultivos de zonas templadas, como trigo y semillas oleaginosas (Figura 2.5).

Como se analiza en detalle más adelante, en la mayoría de los países de la región las granjas son muy pequeñas y tienden a no especializarse. Tienen una ventaja comparativa en cultivos hortícolas de uso intensivo de mano de obra, pues abunda la mano de obra familiar, cuya capacidad para adoptar nueva tecnología y acceder a la inversión es limitada. Además, los pequeños productores son reacios a especializarse en la horticultura debido a los altos riesgos que implica. Los cultivos hortícolas pueden ofrecer altos rendimientos, pero también mayores costos de insumos; en un mal año, una granja puede perder toda su inversión en semillas, fertilizantes y pesticidas. En cambio, los cereales son cultivos más sólidos, de bajos insumos y bajo rendimiento. Por consiguiente, los pequeños productores a menudo siembran cultivos hortícolas y también cereales como estrategia de diversificación para aminorar su riesgo, asegurar un ingreso mínimo y cubrir su consumo directo. Junto con las malas condiciones para un cultivo natural, el bajo grado de especialización contribuye a reducir el rendimiento tanto de los cultivos hortícolas como de los cereales. La baja productividad de las pequeñas explotaciones agrícolas de la región de MENA coincide con este análisis.

Las políticas de uso del agua con fines agrícolas son cada vez más insostenibles

Es difícil sobrestimar la importancia del problema del agua en la región de MENA. Junto con los conflictos bélicos, es la amenaza más fuerte creada por el ser humano para el futuro de la región. El problema no se limita a la escasez, sino a la extracción de largo plazo e insostenible del agua superficial y subterránea, la cual provoca el agotamiento de los acuíferos subterráneos de los que tanto depende el Oriente Medio (Banco Mundial, 2018). De los 20 países y zonas incluidos en el Cuadro 2.1, 13 extrajeron más agua dulce en 2014 de la que puede obtenerse de recursos renovables. La extracción insostenible es apoyada por las políticas públicas y la deficiente gobernanza del agua. La región tiene las tarifas de agua más bajas del mundo, subsidia el consumo del líquido (cerca de 2% del PIB) y tiene una productividad total de apenas la mitad del promedio mundial (Banco Mundial, 2018).

La mayoría de los países de la región de MENA se ubica por debajo de la línea de escasez de agua generalmente aceptada de 1 000 m^3 per cápita por año de recursos hídricos renovables (Figura 2.3).[7] La agricultura es el usuario predominante de agua de cada país. Además, mejorar la gestión del agua en este ámbito es fundamental para detener la degradación del suelo y adaptarse al cambio climático.

Figura 2.3. **Recursos hídricos renovables anuales per cápita, 2014**

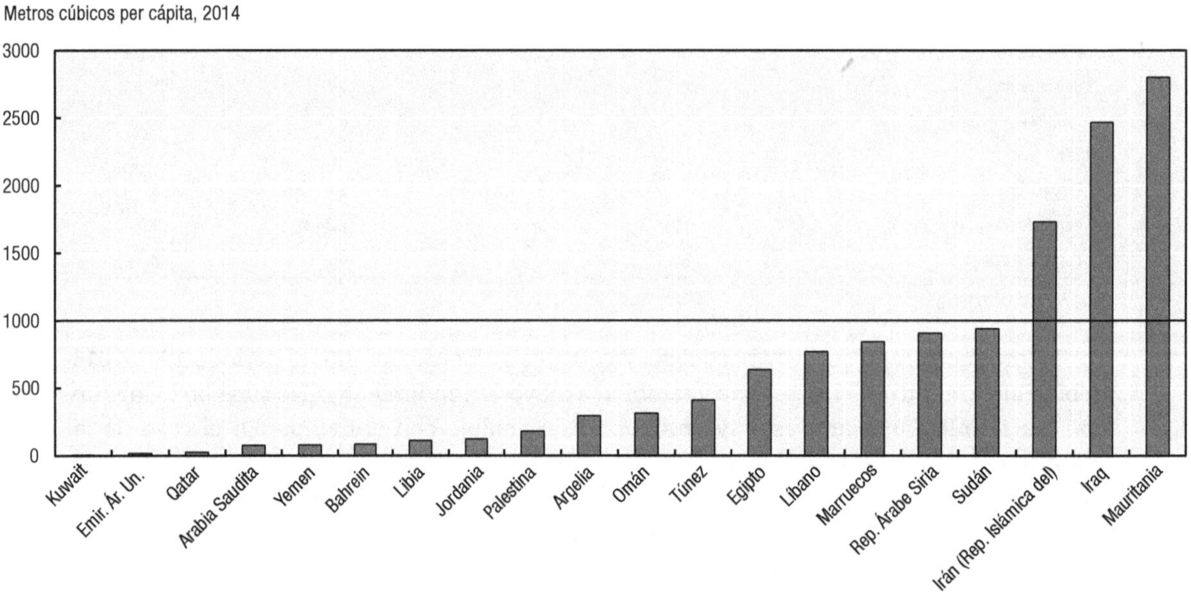

Metros cúbicos per cápita, 2014

3000
2500
2000
1500
1000
500
0

Kuwait, Emir. Ár. Un., Qatar, Arabia Saudita, Yemen, Bahrein, Libia, Jordania, Palestina, Argelia, Omán, Túnez, Egipto, Líbano, Marruecos, Rep. Árabe Siria, Sudán, Irán (Rep. Islámica del), Iraq, Mauritania

Fuente: FAO (2018a).

StatLinks http://dx.doi.org/10.1787/888933848607

La productividad del agua es una de las principales inquietudes en la agricultura de la región de MENA

La productividad del agua utilizada en la producción agrícola puede medirse en dos formas principales.[8]

- La *productividad física del agua* es el *volumen* de la producción agrícola por unidad de agua consumida para obtener ese rendimiento. En el Cuadro 2.5 (col. 1) se ilustra que en la región de MENA la productividad física del agua alcanza su nivel más alto en el caso de las verduras y frutas, seguidas por los cereales, nueces y productos ganaderos. Hay una amplia gama posible de productividades físicas de agua por cada producto, debido a las diferencias en la fertilidad del suelo, las enfermedades de las plantas, las plagas y la sincronización del riego y la siembra, factores que influyen en la productividad hídrica. Cuanto más controle el agricultor estos factores (por ejemplo, mediante riego, prácticas agronómicas adecuadas, fertilización y control de enfermedades y plagas de las plantas), mayor será la productividad física del agua.

- La *productividad económica del agua* puede definirse como el *valor* de la producción por unidad de agua utilizada. En los países de MENA, el mayor valor por metro cúbico de agua usada se obtiene de las verduras y frutas, seguidas por aceitunas, dátiles y lentejas, cereales y carne de vacuno (Cuadro 2.5, col. 3).

Cuadro 2.5. **Productividad promedio del agua para productos agrícolas seleccionados de la región de MENA**

	Productividad física del agua, valor medio (kilogramos por m^3)*	Precio promedio del productor en la región de MENA, 2010-2016 (USD por kg)**	Productividad económica promedio del agua (USD por m^3 de agua para producir los productos básicos agrícolas)
	(1)	(2)	(1)*(2)=(3)
Tomate	12.5	0.40	4.98
Cebolla	6.5	0.42	2.76
Manzana	3.0	0.88	2.64
Papa	5.0	0.45	2.23
Aceituna	2.0	0.90	1.80
Lenteja	0.7	1.17	0.82
Dátil	0.6	1.33	0.80
Haba	0.6	0.98	0.54
Maíz	1.2	0.45	0.51
Arroz	0.9	0.59	0.51
Carne de bovino	0.1	7.48	0.49
Trigo	0.7	0.51	0.33
Nuez	0.3	1.33	0.33

Nota: *Calculada como la media de mínimo y máximo de Molden, *et al.*, 2010. **Promedio de los países de MENA, 2010-2016, de FAO (2018b).

Fuente: Molden *et al.* (2010); FAO (2018b).

El agua no es el único insumo de la producción agrícola, y otros factores influyen en la decisión de qué cultivos o ganado se producirán. Las decisiones relativas a la selección de productos dependen también del tipo de tierra disponible (por ejemplo, pastura o tierra de cultivo), la ubicación de la granja (por ejemplo, en zonas de secano o de riego) y la actitud de los productores respecto del riesgo. Sin embargo, si los demás costos son similares, un agricultor de la región de MENA obtendría la mayor recompensa por gota de agua si produce frutas y verduras.

El impacto del cambio climático en las condiciones de la producción varía dentro de la región

El cambio climático en la región de MENA es una amenaza más para la agricultura en una zona del mundo que ya es excesivamente seca. Los países de MENA son propensos a sufrir sequías frecuentes y es probable que enfrenten futuras carencias de agua debido a la extracción insostenible de aguas subterráneas. Además, la temperatura media durante el siglo pasado aumentó 0.5°C, y la precipitación a lo largo de varias décadas disminuyó hasta 10% en algunas partes de África del Norte y Sudán. Según las proyecciones acerca del cambio climático, toda la región será más calurosa y seca en el futuro, y habrá una clara reducción de las lluvias en su parte occidental (Bucchignani *et al.*, 2018). Las temperaturas más altas y la menor precipitación acelerarán la pérdida de las aguas superficiales y las sequías serán más frecuentes. Los rendimientos de los cultivos de secano, ya de por sí bajos, disminuirán y serán más variables. Hacia finales del siglo, la producción agrícola total de la región podría reducirse hasta 21% a partir del nivel base de 2000.[9]

Si bien todos los sistemas agrícolas serán cada vez más secos y faltos de agua, los de secano son los que corren mayor riesgo.[10] No obstante, algunas zonas pueden beneficiarse de temperaturas más cálidas que prolongarían las temporadas de cultivo y aumentarían la productividad de los cultivos invernales. Por ejemplo, en Yemen, donde llueve en verano, puede esperarse que el aumento promedio de 2°C de la temperatura alargue la temporada de cultivo cerca de seis semanas (Verner y Breisinger, 2013). Además, se espera que algunas zonas reciban más lluvias, lo que elevaría el rendimiento, aunque también podría aumentar la frecuencia de las inundaciones. Estas tendencias ya se observan en Omán, Arabia Saudita y Yemen.

El común denominador del cambio climático será un incremento general de la temperatura en esta región, con efectos variables en las lluvias en los distintos países. Sin embargo, se prevé que los efectos del cambio climático en la agricultura diferirán entre un sistema agrícola y otro (Cuadro 2.6). En algunos casos, los productores pueden responder a los cambios mediante la adaptación. En otras regiones la agricultura puede volverse insostenible y los habitantes de las zonas rurales tendrán que hacer la transición a empleos no agrícolas o mudarse a otras áreas.

Cuadro 2.6. **Impacto del cambio climático en los sistemas agrícolas en la región de MENA**

Sistema agrícola	Exposición: eventos esperados relacionados con el cambio climático	Sensibilidad: probable impacto sobre los sistemas agrícolas
De riego	Temperaturas más altas Menor suministro de agua superficial de riego Merma de la recarga de aguas subterráneas	Más estrés hídrico Mayor demanda de riego y transferencia de agua Disminución del rendimiento cuando las temperaturas son demasiado altas Salinización por una menor lixiviación Reducción de la intensidad de los cultivos
Tierras altas mixtas	Aumento de aridez Mayor riesgo de inundaciones Posible prolongación del periodo de cultivo Menor suministro de agua de regadío	Reducción de rendimientos Reducción de intensidad de los cultivos Mayor demanda de riego
De secano mixtas	Aumento de aridez Mayor riesgo de inundaciones Menor suministro de agua de regadío	Reducción de rendimientos Reducción de intensidad de cultivos Mayor demanda de riego
Tierras secas mixtas	Aumento de aridez Mayor riesgo de inundaciones Menor suministro de agua de regadío	Sistema muy vulnerable a la disminución de las lluvias Algunas tierras pueden revertirse a pastizales Mayor demanda de riego
Pastoral	Aumento de aridez Mayor riesgo de inundaciones Menos agua para ganado y forraje	Un sistema muy vulnerable en el que la desertificación puede reducir significativamente la capacidad de carga Actividades no agrícolas, salida de la agricultura, migración

Estructura y desempeño de la agricultura, pesca y acuicultura en Oriente Medio y África del Norte

Distribución desigual del tamaño de las granjas en toda la región

La región de Oriente Medio y África del Norte tiene una de las distribuciones del tamaño de las granjas más desiguales del mundo. En algunos países de la zona —Egipto, Yemen, Jordania, Líbano y la República Islámica del Irán—, la mayoría de las granjas tiene menos de una hectárea (Figura 2.4). En el otro extremo del espectro de tamaños se encuentra un número relativamente pequeño de granjas grandes propiedad de un reducido número de terratenientes o del Estado (Rae, s.f.).

Figura 2.4. **Distribución de tamaño de las granjas en países de MENA seleccionados, 1996-2003**

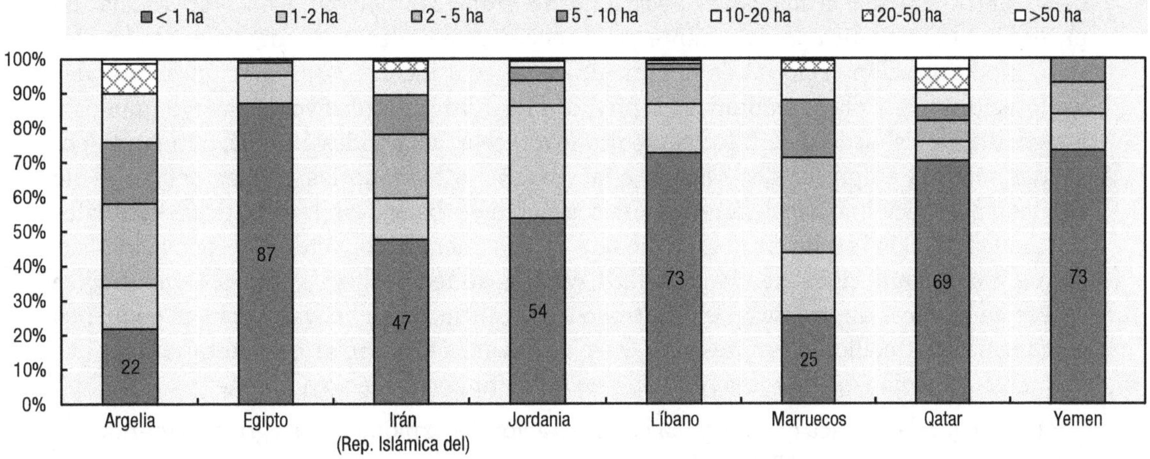

Nota: Las cifras en la parte de <1 ha de las barras muestran el porcentaje de explotaciones agrícolas de menos de 1 ha. Las estimaciones se refieren a la distribución de tamaño de las granjas en Argelia (2001), Egipto (1999-2000), República Islámica del Irán (2003), Jordania (1997), Líbano (1998), Marruecos (1996), Qatar (2000-2001) y Yemen (2002). Las cifras de las barras indican el porcentaje de explotaciones de menos de 1 ha.

Fuente: Lowder et *al.* (2014).

StatLinks http://dx.doi.org/10.1787/888933848626

La desigualdad de las explotaciones agrícolas se ilustra en la Figura 2.5 mediante curvas de Lorenz que trazan el porcentaje acumulado de granjas en comparación con el porcentaje acumulado de tierra agrícola. La línea diagonal ilustra un caso teórico en el que cada granja tiene un tamaño similar, de modo que, por ejemplo, 50% de ellas ocupa 50% de la zona agrícola total. Cuanto más inclinada hacia fuera esté la curva de Lorenz real, más desigual será la distribución de las granjas. Por ejemplo, 80% de estas ocupa solo 20% de la superficie agrícola total de la región de Oriente Medio y África del Norte, lo cual señala que en su enorme mayoría son muy pequeñas. Por otra parte, otro 10% de las granjas tiene 60% de la superficie agrícola, lo cual implica que un pequeño número de granjas grandes cultiva más de la mitad de la superficie de tierra agrícola. Solo en América Latina es incluso más desigual la distribución de la tierra: menos de 10% de las granjas tienen 80% de la superficie agrícola.

Figura 2.5. **Concentración de tierra agrícola en las granjas: la región de MENA desde una perspectiva comparativa**

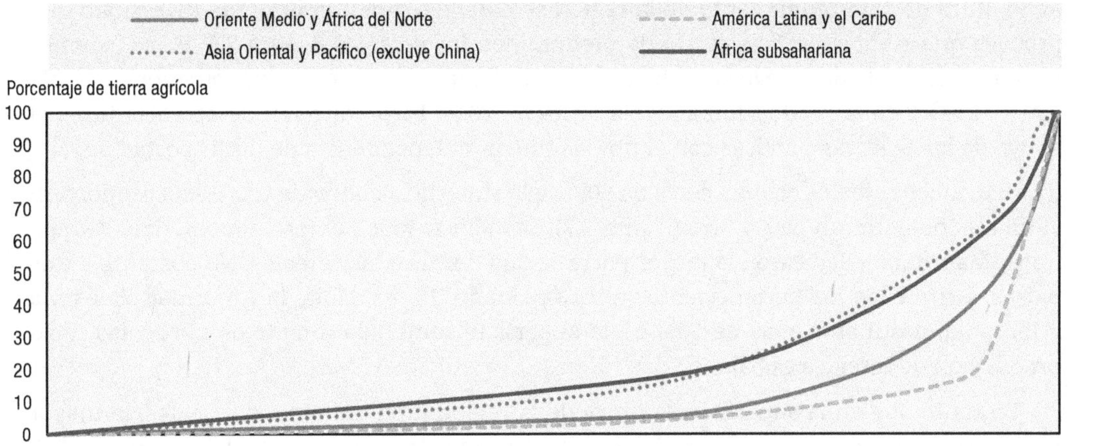

Fuente: Lowder et *al.* (2014).

StatLinks http://dx.doi.org/10.1787/888933848645

En la región de MENA operan dos políticas públicas que sustentan la concentración de la tierra agrícola al apoyar el desarrollo de empresas del ramo en gran escala. En primer lugar, la política predominante de la región para el desarrollo de las zonas rurales es la modernización sectorial de la agricultura, la cual incluye la promoción de grandes explotaciones agrícolas corporativas o privadas de cultivos intensivos. El apoyo público a la agricultura y el acceso de facto al crédito favorece a las grandes granjas, a menudo por sólidas razones empresariales. Debido a su tamaño, a menudo las granjas pequeñas no califican para recibir apoyo de fondos públicos o créditos bancarios. Las políticas sectoriales de "modernización" excluyen en gran medida a los pequeños productores del apoyo público, lo que provoca que sigan siendo pequeños, con atraso tecnológico y pobres. A menudo se carece de políticas alternativas de desarrollo rural centradas en apoyar a granjas pequeñas con formación técnica y empresarial, y en reforzar el desarrollo comunitario y de las pequeñas y medianas empresas rurales, o no se les financia adecuadamente.

Una segunda política que apoya la concentración de explotaciones agrícolas grandes es la facilitación por parte del Estado de la adquisición de tierras en gran escala a inversionistas nacionales y extranjeros. Esta política se adoptó sobre todo en Sudán y Egipto, aunque también se abrió la disponibilidad de tierras en Mauritania o Marruecos. En la región de MENA la mayoría de las adquisiciones de tierra ha correspondido a corporaciones con el apoyo de gobiernos y bancos de los países ricos pertenecientes al Consejo de Cooperación del Golfo (CCG), donde escasea el agua y se depende en gran medida de las importaciones de alimentos. La adquisición de tierras de la región a manos de extranjeros ocurrió durante el periodo 2007-2014, caracterizado por precios altos de los productos básicos, y apunta a limitar la exposición a mercados mundiales de dichos productos, así como a garantizar el acceso al suministro de alimentos y de forraje de los países del CCG. Estudios de caso en Sudán indican que los términos de los contratos de compra o arrendamiento de gran escala a menudo carecen de transparencia y se suscriben prácticamente sin consultar a las comunidades locales. Grandes extensiones de tierra comunal de Sudán se vendieron o arrendaron a inversionistas locales o extranjeros, con poca atención al costo social y a los impactos ambientales causados al convertir la tierra comunal de pastura en tierra de cultivo de propiedad extranjera (Elhadary y Abdelatti, 2016).

En la producción agrícola predominan los cereales

La escasez de agua y tierra adecuada, así como las restricciones de cultivo de los pequeños productores, afectan la producción de la región de MENA al limitar los rendimientos. La agricultura de bajo rendimiento de la región se caracteriza por la limitada diversidad que provoca que en la superficie cultivada predominen los cereales (Figura 2.6).[11] Los cereales ocuparon cerca de 60% de la superficie cultivada de la región, pero contribuyeron con solo 15% del valor de la producción agrícola bruta de 2014. La producción de cereales tiene el apoyo de las políticas públicas con el fin de reducir la dependencia de las importaciones.

Si bien los cereales ocupan cerca de 60% de la superficie cultivada total, esta proporción varía mucho entre un país y otro (Figura 2.7). Los países más pobres, como Sudán, Yemen, Iraq y Mauritania, dedicaron la mayor parte de sus tierras a los cereales. No obstante, otros países, entre ellos los pertenecientes al CCG, Líbano, Túnez, Libia, la Autoridad Palestina y Jordania, destinaron más de 50% de la superficie sembrada a cultivos hortícolas, y su producción de cereales es baja.[12]

En tanto que en la superficie de tierra de la región predominan los cereales, la mayor parte del valor de producción de la región proviene de cultivos hortícolas y productos ganaderos (Figura 2.8). En general, alrededor de 40% del valor de la producción agrícola proviene ahora de la horticultura.

Figura 2.6. **Superficie cultivada de la región de MENA, porcentaje por tipo de producto, 1961-2016**

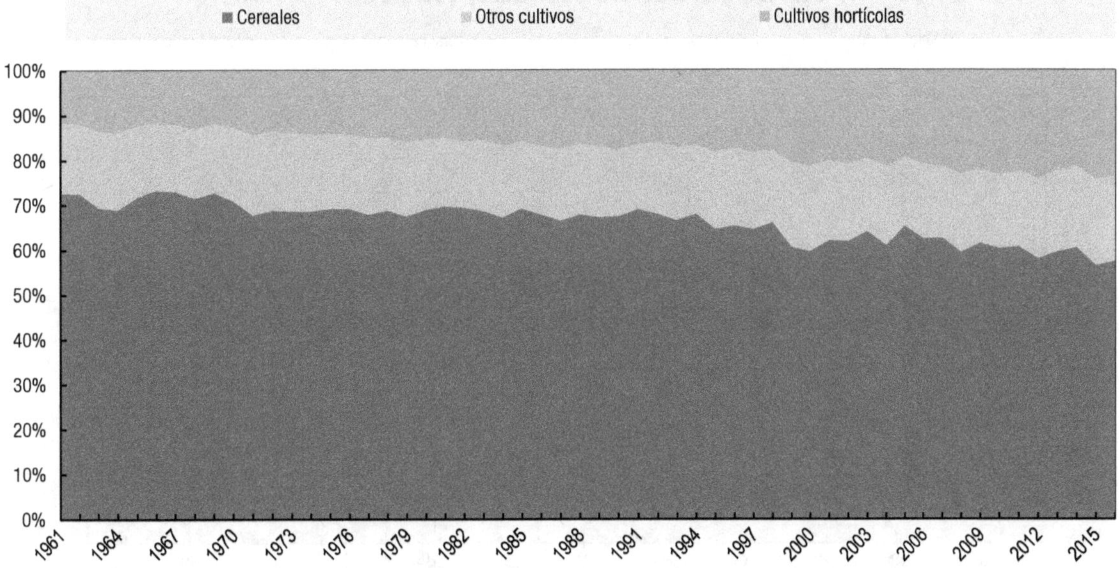

Nota: La horticultura abarca cítricos, frutas, bayas, verduras, melón, frutos secos, hierbas, té, café, especias, estimulantes, cultivos para bebidas y aceitunas. Otros cultivos agrícolas son fibras, frijoles, arvejas, cultivos de azúcar, raíces y tubérculos, legumbres y semillas oleaginosas.

Fuente: FAO (2018b).

StatLinks http://dx.doi.org/10.1787/888933848664

Por último, en la agricultura de la región de MENA predominan dos gigantes regionales (República Islámica del Irán y Egipto), que en conjunto producen la mitad del valor total de la producción agrícola (Figura 2.9). Los siguientes tres productores por tamaño son Sudán, Marruecos y Argelia, que juntos producen 27% de la producción agrícola. Los 15 países restantes producen 23% del valor total de la producción agrícola en la región de MENA.

Figura 2.7. **Proporción de superficie cultivada en la región de MENA, por país y tipo de producto, 2016 (%)**

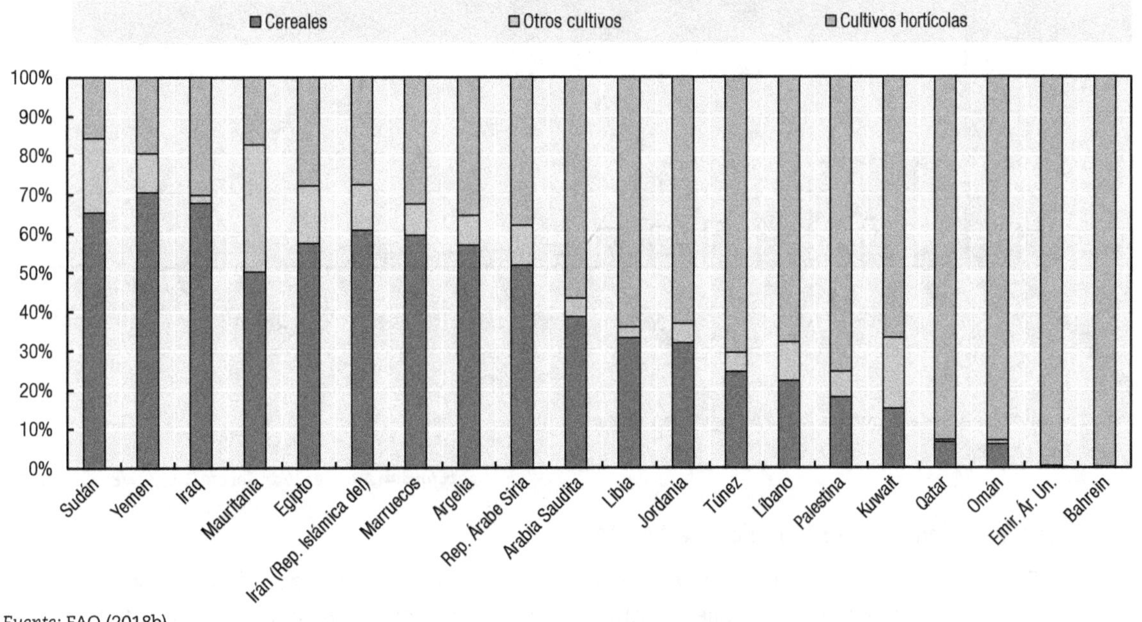

Fuente: FAO (2018b).

StatLinks http://dx.doi.org/10.1787/888933848683

Figura 2.8. **Valor de la producción agrícola de la región de MENA, por tipo de producto, 1961-2014 (%)**

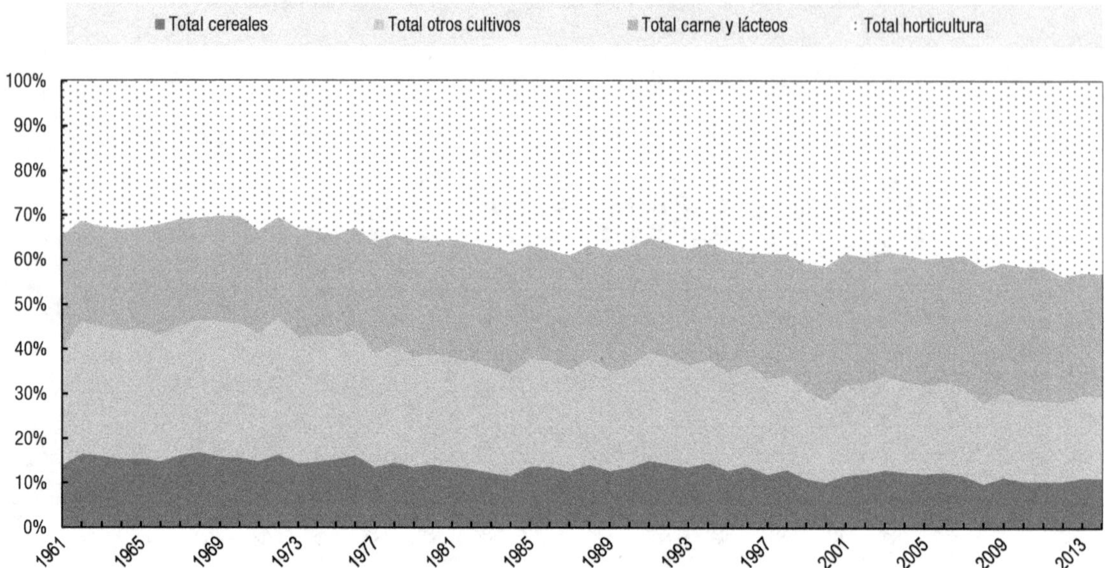

Nota: La horticultura abarca cítricos, frutas, bayas, verduras, melón, frutos secos, hierbas, té, café, especias, estimulantes, cultivos para bebidas y aceitunas. En "otros cultivos" se incluyen las fibras, las raíces y tubérculos, los frijoles, las arvejas, las legumbres, los cultivos de azúcar y las semillas oleaginosas.

Fuente: FAO (2018b).

StatLinks http://dx.doi.org/10.1787/888933848702

Figura 2.9. **Valor de la producción agrícola de la región de MENA, por país y por tipo de producto, 2014**

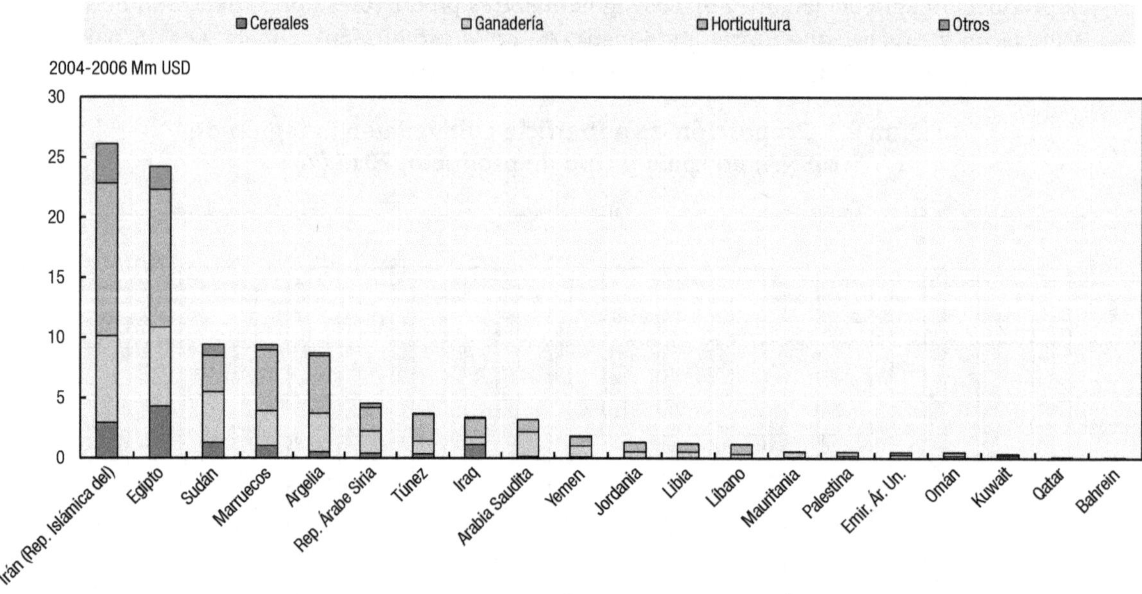

Nota: Los datos de 2014 de República Árabe Siria pueden no ser confiables.

Fuente: FAO (2018b).

StatLinks http://dx.doi.org/10.1787/888933848721

Pesca y acuicultura en la región de MENA

En la región de MENA hay diversos ecosistemas marinos y de agua dulce. Pese a que en general la zona es árida, también contiene importantes vías navegables transfronterizas, como el Éufrates, el Tigris, el Nilo y otros sistemas fluviales. Sin embargo, los recursos totales de agua dulce son aún escasos, en particular en las zonas alejadas de los sistemas fluviales. La pesca de captura y la producción acuícola son importantes en la región de MENA como proveedoras de medios de subsistencia y fuentes de alimentos nutritivos. Durante las últimas dos décadas, la producción total de pesca de captura y acuícola aumentó considerablemente, de 2.2 Mt en 1996 a 5.9 Mt en 2016. La mayor parte del incremento provino de la pesca de captura (de 2.0 Mt a 4.0 Mt), aunque la acuicultura también registró un fuerte aumento (de 0.1 Mt a 1.9 Mt), y su participación en la producción pesquera total subió de 6% a 32% durante el periodo 1996-2016. Pese a este aumento de la producción, la región depende de las importaciones de pescado y sus productos para satisfacer el consumo interno.

El sector acuícola y pesquero de la región de MENA afronta muchos retos y marcadas diferencias entre los países y dentro de ellos. La pesca de captura marina en los países costeros de la región oscila entre la alta producción anual de los países con largos litorales y grandes flotas, que tienen acceso a regímenes de afloramiento sumamente productivos, y la menor producción de los países con flotas más pequeñas. Las zonas costeras de la región son importantes para la pesca de pequeña escala que sustentan los medios de vida de cientos de miles de personas y las operaciones pesqueras en general son en su enorme mayoría de pequeña escala. La evaluación de los niveles de biomasa, realizada a solo un número limitado de las principales poblaciones pescadas en la región, detectó que la mayoría se encuentra bajo presión. Las Organizaciones Regionales de Ordenación Pesquera (OROP), como la Comisión del Atún para el Océano Índico (CAOI), están poniendo en marcha medidas de gestión de la adaptación para mantener las poblaciones dentro de los niveles biológicos seguros, y la Comisión Regional de Pesca (COREPESCA) adoptó en fecha reciente recomendaciones vinculantes para la presentación mínima de datos sobre la pesca de captura y la acuicultura. Además, muchos países de la región, como Mauritania, Marruecos y Omán, trabajan para poner en marcha estrategias y leyes que favorezcan una pesca y acuicultura más centradas en asegurar la sostenibilidad de sus recursos. La producción pesquera continental, que sumó 0.4 Mt en 2016 —lo que representa 7% de la producción total—, también enfrenta dificultades respecto de su gestión ambiental. Con el fin de resolver esta situación, países como Mauritania, Marruecos, Egipto, la República Islámica del Irán y Sudán emprenden medidas para explorar oportunidades de pesca continental y abordar las restricciones existentes.

El grueso de la producción acuícola aún proviene de Egipto y de la República Islámica del Irán, con porcentajes de 73% y 21% respectivamente, en 2016, y casi todas las granjas piscícolas de la región son operaciones de pequeña escala. Hace poco se aplicaron medidas en toda la región para crear un entorno que favorezca el desarrollo de la acuicultura mediante inversiones privadas y con creciente interés por la acuicultura marina y de agua dulce de escala industrial. Diversos países concretaron planes estratégicos de desarrollo de la acuicultura, realizaron análisis espaciales para identificar y asignar sitios adecuados para el sector y promulgaron regulaciones claras para ayudar a establecer instalaciones comerciales. El sector acuícola enfrenta varias restricciones, como un acceso limitado a ubicaciones apropiadas y a tecnologías sostenibles de producción, instalaciones y gestión inadecuadas de criaderos de peces de agua dulce, una inadecuada producción de semillas en términos de cantidad y/o calidad, así como manejo y transporte deficientes. Asimismo, son escasos los sistemas de control de sanidad animal para la acuicultura, y en la mayoría de los países de la región prácticamente no se cuenta con acceso a crédito, préstamos y seguros para la actividad acuícola. Por otra parte, la expansión de la industria acuícola de la región acrecienta las inquietudes respecto del medio ambiente y la sensibilización pública sobre temas de seguridad alimentaria y conservación ambiental. Además, las zonas pesqueras de la región de MENA son particularmente vulnerables a los impactos del cambio y variabilidad del clima, así como a los inducidos por actividades humanas. Al respecto, el sector acuícola es particularmente vulnerable, pues los productores carecen de adaptabilidad al cambio climático y resiliencia a los desastres naturales y riesgos socioeconómicos.

Creciente dependencia de importaciones de alimentos básicos

El bajo rendimiento y el estrecho margen para incrementar la superficie arable en la región de MENA limitan la producción de cultivos de zona templada, como trigo y semillas oleaginosas. Aunado al aumento de los ingresos y a un crecimiento demográfico en particular fuerte (2.5%) de 1971 a 2016, el incremento de la demanda superó con creces el de la producción de estos cultivos, para los cuales la región de MENA constituye un medio poco adecuado (Cuadro 2.7). La creciente brecha entre consumo y producción interna (Figura 2.9) se cubrió con importaciones. El crecimiento de la producción de cultivos hortícolas avanzó al ritmo de la demanda, por lo que la región es autosuficiente en frutas y verduras (Figura 2.10).

Figura 2.10. **Producción interna y consumo de productos básicos selectos en la región de MENA, 1961-2013**

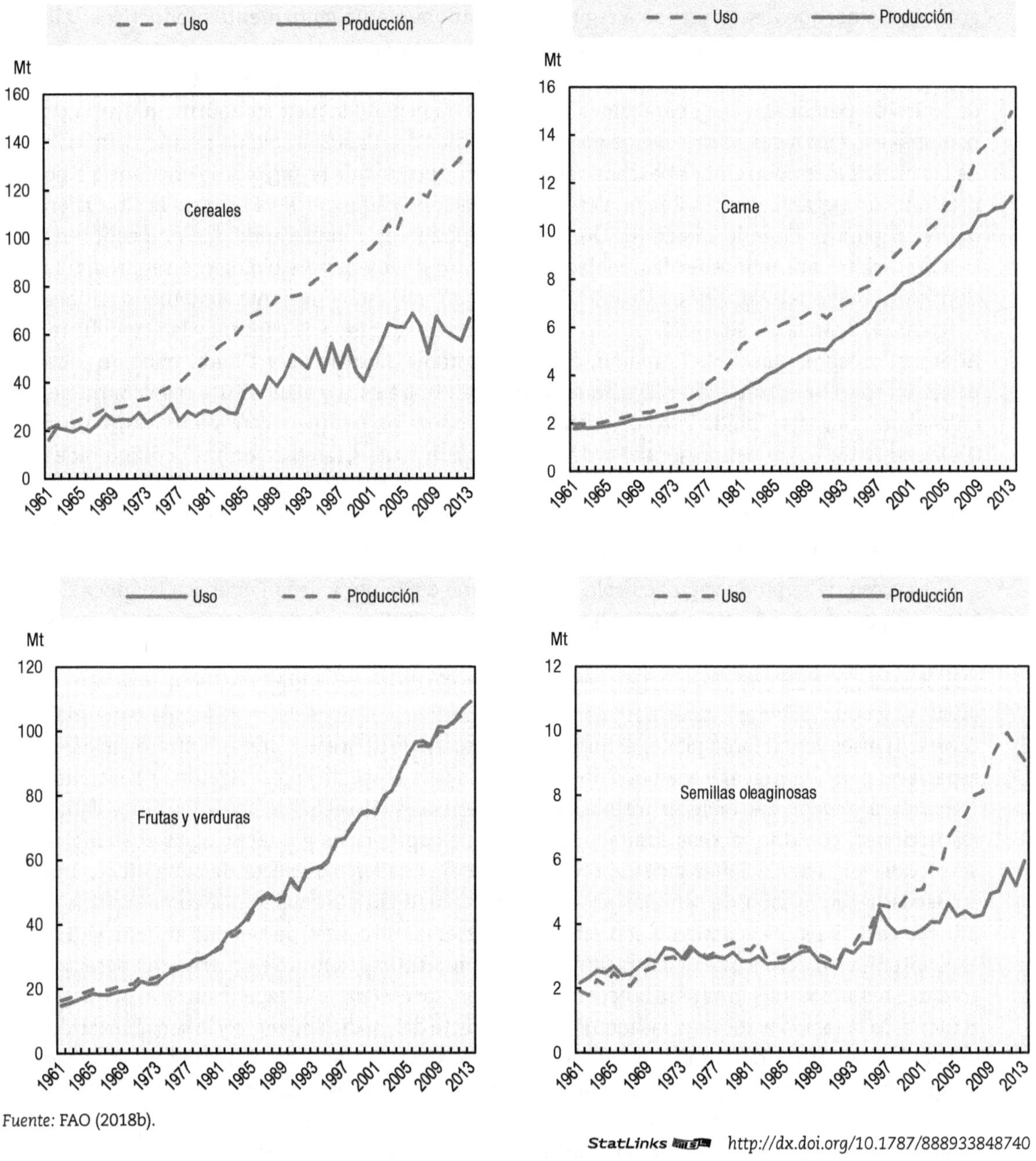

Fuente: FAO (2018b).

StatLinks http://dx.doi.org/10.1787/888933848740

En el Cuadro 2.7 se aprecia que la región está lejos de ser autosuficiente en cereales, aceites vegetales, semillas oleaginosas y azúcar y edulcorantes, pero sí lo es, o está cerca de serlo, en frutas y verduras, y en carne (incluidas vísceras y grasas animales).

Cuadro 2.7. **Coeficientes de autosuficiencia alimentaria en los países de MENA, promedio, 2011-2013 (%)**

Coeficiente de autosuficiencia	Cereales[1]	Carnes[2]	Frutas y verduras	Leche[3]	Aceites vegetales	Cultivos de oleaginosas	Azúcar, edulcorantes
Argelia	30	91	93	51	11	88	0
Egipto	58	83	107	89	26	35	73
Irán (Rep. Islámica del)	61	95	104	106	15	58	58
Iraq	50	34	86	45	2	80	0
Jordania	4	72	139	51	17	80	0
Kuwait	2	34	36	14	1	0	0
Líbano	14	77	111	49	20	67	0
Mauritania	27	89	18	65	0	95	0
Marruecos	59	100	116	95	29	98	28
Omán	7	32	52	32	4	0	0
Arabia Saudita	8	45	73	76	18	1	0
Sudán (2012-2013)	82	100	98	96	89	112	72
Túnez	42	98	110	90	91	65	1
Emiratos Árabes Unidos	2	26	21	14	82	0	0
Yemen	17	79	90	35	5	63	1
Total de MENA	46	79	99	82	25	64	37

Nota: El coeficiente de autosuficiencia se define como producción alimentaria/(producción+importaciones–exportaciones).

1. Excluye cerveza.

2. Incluye carne y vísceras.

3. Excluye mantequilla.

Fuente: FAO (2018b).

La participación de las importaciones totales de alimentos en las exportaciones totales de mercancías sirve como indicador para evaluar la capacidad de un país de sostener las importaciones de alimentos (Cuadro 2.8). En el ámbito mundial, esta participación es de cerca de 5%. El promedio de MENA ha sido de alrededor de 8% en años recientes (2011-2013) y muestra una tendencia descendente desde años anteriores. En los países cuya participación en las exportaciones totales de mercancías dedicada a las importaciones de alimentos es alta y volátil, la estabilidad de los precios internacionales de los alimentos despierta gran preocupación. Aunque se mantengan las ganancias por exportación, estos países enfrentan riesgos significativos relacionados con picos en los precios mundiales de los alimentos. Las implicaciones de esa vulnerabilidad se detectaron durante la crisis alimentaria mundial de 2007-2008, cuando los precios subieron drásticamente. Los países importadores del mundo, incluso los ubicados en la región de MENA, sufrieron el impacto de los precios altos en los presupuestos familiares y gubernamentales. Si bien los mercados mundiales de productos alimentarios básicos han vuelto a condiciones más regulares desde entonces, la experiencia de la crisis acrecentó el interés por las vulnerabilidades de los países importadores, en particular aquellos como la Autoridad Palestina y la República Árabe Siria, para los cuales las importaciones de alimentos constituyeron un porcentaje grande y volátil de las ganancias totales por exportación de 2011-2013.

Cuadro 2.8. **Participación de las importaciones agrícolas en las exportaciones de mercancías, 2011-2013 (%)**

	Importaciones agrícolas como porcentaje de las exportaciones de mercancías (%)	Estabilidad
Total de MENA	8	Estable
Autoridad Palestina	74	Volátil, 1990-2002
Rep. Árabe Siria	58	Volátil desde 2007
Líbano	58	Estable
Egipto	49	Estable
Jordania	44	Estable
Yemen	39	Estable
Sudán	34	Estable
Marruecos	25	Estable
Mauritania	17	Estable
Túnez	15	Estable
Argelia	15	Estable
Irán (Rep. Islámica del)	11	Estable
Libia	9	Estable
Iraq	9	Volátil, 1990-1999
Bahrein	8	Estable
Arabia Saudita	6	Estable
Omán	5	Estable
Emiratos Árabes Unidos	4	Estable
Kuwait	3	Estable
Qatar	2	Estable

Fuente: FAO (2018b).

El modelo de comercio de cereales, semillas oleaginosas y productos cárnicos es congruente con las conclusiones basadas en el Índice Balassa de Ventaja Comparativa Revelada de las Exportaciones (XRCA) aplicadas a los productos agrícolas. En el Cuadro 2.9 se muestra la fuerza comparativa de las exportaciones de seis países de MENA en 2011-2013. Aunque cada país es diferente, casi todos tienen una ventaja comparativa en la exportación de frutas, verduras y nueces, así como una desventaja en carnes, cereales y pescado (excepto Marruecos). Las granjas pequeñas son adecuadas para producir cultivos de uso intensivo de mano de obra, y el mayor valor por hectárea y por gota de agua proviene de la producción de frutas, leche y verduras.

Cuadro 2.9. **Coeficientes de ventaja comparativa revelada de países seleccionados de la región de MENA**

	Egipto	Líbano	Marruecos	Jordania	Túnez	Argelia
Verduras	10.21	8.80	10.56	16.07		0.09
Frutas y nueces	6.71			4.53	3.36	0.09
Pescados	0.15	0.06	3	0.08		
Carnes	0.01	0.10	0.01		0.02	
Cereales		0.11	0.08		0.00	

Nota: El cuadro muestra el Índice Balassa de Ventaja Comparativa Revelada de las Exportaciones (XRCA) aplicado a productos agrícolas. El XRCA se define como el coeficiente de la participación de una categoría de producto en las exportaciones totales de un país dividido entre la participación de la categoría de producto de las exportaciones mundiales. Un XRCA>1 implica que el país se especializa en la exportación de ese producto, en tanto que una XRCA<1 implica lo contrario.

Fuente: Santos y Ceccacci (2015).

Situación de la seguridad alimentaria

Las familias alcanzan la seguridad alimentaria cuando tienen acceso durante todo el año a la cantidad y variedad de alimentos seguros que sus miembros requieren para llevar una vida activa y saludable. Por consiguiente, los cambios en la seguridad alimentaria son resultado sobre todo de acontecimientos o condiciones que afectan la capacidad de las familias de acceder a alimentos seguros. Entre ellos sobresalen los ingresos, la labor de los mercados para garantizar la disponibilidad de alimentos y los servicios públicos estatales para garantizar la inocuidad de los alimentos. El más perturbador de estos tres factores de la región lo constituyen los conflictos bélicos, que dividen la región en dos subregiones independientes desde el punto de vista de la seguridad alimentaria; los países con conflictos de este tipo y los países sin conflictos (Recuadro 2.2).[13]

La prevalencia de la subalimentación (PoU) estima el porcentaje de la población de un país que enfrenta privación absoluta de alimentos. Se define como la probabilidad de que una persona de la población de referencia elegida aleatoriamente consuma una cantidad de calorías inferior a la que necesita para llevar una vida activa y sana (FAO, 2017c). En el Cuadro 2.10 se presenta la PoU en los países de la región de MENA con y sin conflictos.

Por regla general, se considera que los países con una PoU inferior a 5% tienen una relativa seguridad alimentaria. Como se muestra en el Cuadro 2.10, en los países sin conflictos de la región hay de hecho una relativa seguridad alimentaria. De acuerdo con la PoU, en 2014-2016, los países con conflictos de la región de MENA tuvieron menos seguridad alimentaria que el nivel promedio de los PMA. En tanto que 28.2% de la población de los países de MENA aquejados por conflictos sufrió carencia absoluta de alimentos, solo 24.4% de la población de los PMA enfrentó dicha inseguridad (FAO, 2017c).

Pese a que el alto grado de inseguridad alimentaria en los países con conflictos coincide con las expectativas, es necesario tener cuidado al interpretar estos datos para efectos de la PoU. Esta es un buen indicador del hambre durante periodos en que la distribución de los ingresos o el consumo es relativamente constante, pero no representa un buen indicador del hambre cuando ocurren cambios fuertes en la distribución de alimentos. Es probable que la PoU subestime la prevalencia real de subalimentación durante épocas de conflicto porque los parámetros de desigualdad de consumo alimentario con que se calcula se derivan de datos de encuestas aplicadas a las familias en un nivel nacional, que por lo común no están disponibles o no son precisos en esas épocas de conflicto (FAO, 2017c).

Si se dejan de lado momentáneamente estas salvedades, el nivel de PoU medido en los países con conflictos fue más de tres veces mayor que el nivel del resto de los países de MENA desde el periodo 1999-2001, y desde 2003 ha aumentado de manera gradual en comparación con los demás países de la región (Cuadro 2.10). Este patrón en la evolución

Cuadro 2.10. **Prevalencia de la subalimentación en zonas con y sin conflictos en la región de MENA, de 1999-2001 a 2014-2016**

	1999-2001	2001-2003	2003-2005	2005-2007	2007-2009	2009-2011	2011-2013	2013-2015	2014-2016
Todos los países de MENA	9.7	9.8	10.0	10.0	9.6	8.9	8.4	8.4	8.8
Países sin conflictos	6.3	6.4	6.5	6.3	6.0	5.5	5.0	4.7	4.7
Países con conflictos	29.0	28.4	28.9	29.1	28.5	26.6	25.3	26.1	28.2
De los cuales:									
--Yemen	29.9	30.7	30.9	28.9	27.1	25.7	24.6	25.2	28.8
--Iraq	28.3	26.6	27.4	29.3	29.6	27.2	25.9	26.7	27.8
--Sudán							25.9	25.7	25.6

Nota: Solo se cuenta con datos sobre subalimentación de tres de los cinco países con conflictos, y el total se elabora a partir de ellos.
Fuente: FAO (2017c).

de la PoU en los países con conflictos, como era de esperarse, es resultado en parte de los conflictos, aunque también es evidente que incluso antes de surgir estos tenían niveles de inseguridad alimentaria relativamente altos.

Recuadro 2.2. **Conflictos y seguridad alimentaria en la región de MENA**

En toda la región, a finales de 2017, más de 30 millones (Mn) de personas requerían apoyo para cubrir sus necesidades básicas en este ámbito. Entre ellas, la situación relativa a la seguridad alimentaria era más imperiosa en los países con conflictos prolongados o en proceso de intensificación: Yemen, la República Árabe Siria, Iraq y Sudán. En Yemen, según la evaluación más reciente, de marzo de 2017, alrededor de 17 Mn de personas, que representan 60% de la población total, requerían ayuda alimentaria. En la República Árabe Siria, se estima que cerca de 6.5 Mn padecen inseguridad alimentaria y 4 Mn más están en riesgo de sufrirla, pues utilizan estrategias que conllevan agotamiento de los recursos para cubrir sus necesidades de consumo. Tanto en Iraq como en Sudán, alrededor de 3 Mn padecen inseguridad alimentaria. Se reportan cifras menores en Libia y Mauritania: alrededor de 0.4 Mn cada uno.

Los residentes de las zonas con conflictos a menudo tienen que recurrir a estrategias de supervivencia alimentaria para cubrir la grave escasez de alimentos que enfrentan. Las familias tienden a reducir el número de comidas y limitar el consumo de los adultos para dar prioridad a los niños. Si la crisis se prolonga, agotan sus recursos y ya no pueden recurrir a las existencias u otras reservas. Recurren al trabajo infantil, que muchas veces implica retirar a los hijos de la escuela para llevar a cabo actividades agrícolas y así lograr sobrevivir.

La actividad económica, que incluye la producción agrícola, se ve afectada en un entorno de conflicto y perjudica aún más el sustento. Si bien la producción agrícola suele ser una de las actividades más resilientes de una economía, quienes siguen dedicándose a ella suelen afrontar altos costos de producción, falta de insumos e infraestructura dañada o destruida. Las actividades agrícolas, en particular las relacionadas con los cultivos de regadío, se ven afectadas cuando los precios de los combustibles son altos, con los consecuentes aumentos en el porcentaje de cultivos de secano, que a su vez ofrecen menores rendimientos. Con frecuencia, los fertilizantes están sujetos a sanciones internacionales. Los agricultores tienden a plantar semillas guardadas de cultivos previos, lo cual limita aún más los rendimientos. Muchas familias rurales tienden a depender de oportunidades de trabajo informal como principal fuente de ingresos. En muchas zonas con conflictos, los trabajadores agrícolas contratados suelen reemplazarse con miembros de las familias para poder solventar los mayores costos de producción. Pese a que la producción agrícola mejora la disponibilidad alimentaria familiar y local, la limitada infraestructura, inclusive la cadena de refrigeración y conexiones de transporte, con frecuencia impide la entrega a los mercados urbanos. En consecuencia, los precios de los productos locales tienden a ser bajos en las regiones productoras y altos en los mercados urbanos, pese a la disponibilidad.

El impacto de una menor producción agrícola en los mercados agrícolas mundiales puede ser pequeño, pero ha sido drástico en los países afectados. Antes del conflicto, la República Árabe Siria —uno de los mayores productores— produjo un promedio de cerca de 4 Mt de trigo, pero en 2017 la producción fue solo de 1.8 Mt. En Yemen, la producción nacional total de cereales cubre menos de 20% del consumo total (alimentos, forraje y otros usos). El país depende en gran medida de importaciones provenientes de los mercados internacionales para cubrir sus necesidades internas de consumo de trigo, el principal alimento básico. La participación de la producción nacional de trigo en el consumo total para alimentación en los últimos 10 años fue de 5% a 10%, según la cosecha interna. Si bien los conflictos no aumentaron de manera sustancial la dependencia de las importaciones del país, la disminución de la producción relacionada con ellos deterioró los medios de subsistencia de los agricultores y empujó a muchos a la inseguridad alimentaria.

El carácter imprevisible de los conflictos amenaza la seguridad alimentaria y los medios de subsistencia locales, pero también los medios de subsistencia de los países receptores. Además de los millones de habitantes que abandonan su país natal debido a los conflictos en que están inmersos, una gran parte

Recuadro 2.2. **Conflictos y seguridad alimentaria en la región de MENA** *(cont.)*

de ellos se muda dentro de este, muchas veces. Los habitantes desplazados internamente y las comunidades que los acogen suelen ser los más vulnerables a la inseguridad alimentaria. En la República Árabe Siria, cerca de dos de cada cinco habitantes se desplazan dentro del país. En Iraq, en el primer semestre de 2017, cerca de 1 millón de personas fueron desplazadas internamente, debido sobre todo a las operaciones militares que tenían lugar en Mosul, cifra que se sumó a los 3 Mn de personas ya desplazadas en noviembre de 2016. A principios de febrero de 2018, más de 5.5 Mn de refugiados se registraron en la zona que abarca Egipto, Iraq, Jordania, Líbano y Turquía. Además, un gran porcentaje de la población vive en el extranjero sin solicitar registro como refugiados.

Políticas de apoyo a la agricultura

La vulnerabilidad de los países al riesgo percibido de dependencia de alimentos importados propicia que algunos gobiernos apoyen el cultivo de alimentos básicos de la región (Recuadro 2.3). Por desgracia, en fechas recientes no se han realizado cálculos rigurosos sobre el apoyo del gobierno a los productores (o sobre sus tasas implicitas) para la región; hasta ahora solo se han hecho para tres países, y el último año del que se cuenta con datos fue 2010. La tasa nominal de asistencia (TNA) se define como el porcentaje en el cual las políticas gubernamentales elevan los rendimientos brutos a los productores respecto de los que tendrían de no contar con la intervención gubernamental (o los reducen, si la TNA<0). La TNA considera solo los rendimientos brutos y, por tanto, no contempla los subsidios o impuestos a los insumos que pueden generarse mediante los precios que establece el gobierno para los insumos. Los estimados en el caso del trigo muestran un rango de asistencia de -28% (2010) en Sudán —que indica una tributación efectiva de su sector— a 44.7% en Egipto (2010), que indica una fuerte asistencia (Banco Mundial, 2013). La asistencia para el trigo en Marruecos fue más moderada: 15% (2009). Además de la asistencia a los agricultores, la mayoría de los países de la región mantiene precios al consumidor para tipos selectos de pan y otros alimentos básicos en niveles artificialmente bajos, lo que representa un auténtico subsidio a los consumidores. Si bien estos programas suelen considerarse de apoyo social, son muy costosos para los presupuestos gubernamentales y regresivos en gran medida (los mayores beneficios se otorgan a los que no son pobres), por lo que resultan de dudosa eficacia y eficiencia como medidas de protección social para reducir la pobreza. Entre 2008 y 2013, el costo de los subsidios no focalizados a combustibles y alimentos osciló entre menos de 1% del PIB en Líbano y más de 20% del PIB en la República Islámica del Irán. Pese a que desde 2010 en la mayoría de los países se trabaja para reducir estos subsidios, en casi todos los precios de los productos energéticos y los alimentos básicos aún están controlados, aunque a un nivel más alto, lo cual reduce su impacto fiscal (FAO, 2017c).

Una comparación de los precios del productor a puerta de finca y los precios de importación en la frontera del trigo desde 2010 mostró que los precios del productor en Argelia, Jordania, Kuwait, Omán, Arabia Saudita y Yemen fueron sistemáticamente más altos que los precios del trigo importado (de 60% a 250% más). No es posible hacer conclusiones firmes a partir de estas diferencias de precios, porque los dos precios mencionados se miden en diferentes etapas de la cadena de valor del trigo (los precios del productor a puerta de finca y los precios de importación en la frontera). No obstante, estas diferencias de precios tan grandes sí sugieren que las políticas internas siguen elevando los precios del trigo respecto de los precios mundiales.

Recuadro 2.3. **Apoyo gubernamental al trigo en la región de MENA**

Los gobiernos de la región de MENA han subsidiado la producción de trigo durante muchos años mediante tres intervenciones de políticas públicas importantes: precios de garantía, subsidios a los insumos y aranceles a la importación. El propósito de estas políticas es aumentar el precio y bajar los costos de la producción interna de trigo, con el fin de incrementar la autosuficiencia en su producción.

En Iraq, por ejemplo, el Ministerio de Comercio apoya a los productores de trigo con un precio de garantía para el trigo núm. 1 superior al precio de importación de este producto. En 2015, el ministerio ofreció 795 000 dinares (cerca de USD 681); en 2016, 700 000 dinares (cerca de USD 592), y en 2017, 560 000 dinares (cerca de USD 487) (USDA, 2017b). En la República Islámica del Irán, el Gobierno también establece un precio de compra mínimo para el trigo que adquiere el Estado. Las compras estatales con precios de garantía alentaron a los productores a incrementar su producción de 2.2 Mt en 2013 a 8.5 Mt en 2016. En Marruecos, en 2017, el Gobierno subsidió la producción de trigo al establecer un precio de referencia para la compra de trigo nacional (MAD 2 800 por tonelada en 2017, equivalente a USD 286 por tonelada). En octubre de 2017, el Gobierno instauró también subsidios para los molinos y elevadores de granos que compren trigo nacional. Además, aumentó los aranceles a la importación de trigo blando de 30% a 135% (Reuters, 2017). El Consejo de Cereales de Túnez controla la comercialización de 40% a 60% de la producción interna total de trigo, y de 10% a 40% de la producción total de cebada. El Gobierno fija precios de garantía para el trigo y la cebada. Para la campaña comercial 2017/2018, el Ministerio de Agricultura fijó precios mínimos de USD 329/t para el trigo duro y de USD 236/t para el trigo común. El Ministerio también subsidia el agua de regadío y brinda asesoría técnica a los agricultores con el fin de incrementar la superficie de trigo de regadío. Además, en 2017, el Ministerio subsidió la maquinaria agrícola y el equipo de riego en un 50%, con el fin de fomentar la inversión en la producción de cereales de regadío (USDA, 2017a).

El Gobierno egipcio regula con firmeza la producción, almacenamiento y comercialización de trigo mediante muchos instrumentos de políticas públicas. Desde 2015, el Gobierno subsidia la producción de trigo por medio de cuatro canales principales: 1) subsidios a insumos y productos para los agricultores, por ejemplo, precios subsidiados de fertilizantes y precios de adquisición del trigo mayores que los precios de importación; 2) asistencia al consumidor en la forma de precios muy subsidiados para el pan baladi; 3) inversión gubernamental en mejoras en el almacenamiento de granos y el comercio estatal de granos, y 4) apoyo gubernamental a la investigación sobre el rendimiento del trigo, control fitosanitario y otros bienes públicos. El Gobierno es también el único comprador del trigo producido en el país, e importa cerca de un tercio de las importaciones totales de este producto. Asimismo, tiene un gran porcentaje de capacidad de almacenamiento y más de la mitad de la capacidad de molienda del país.

Arabia Saudita emprendió el mayor cambio de políticas públicas. Redujo poco a poco sus cuotas de producción de trigo y sus programas de compras de trigo por la fuerte preocupación por el agotamiento de las reservas hídricas locales que se usaron para irrigar la producción de trigo. La producción nacional bajó de alrededor de 2.5 Mt en 2005 a menos de 30 000 toneladas en 2015. Se ha alentado a los productores a realizar actividades alternativas de producción sostenible, como el cultivo en invernaderos o la producción de frutas y verduras con técnicas avanzadas de riego por goteo.

Fuentes: USDA (2017a, b); FAO y BERD (2015); FAO (2017b); Reuters (2017).

Perspectivas de mediano plazo

En las secciones anteriores se analizaron los sectores alimentario y de agricultura y pesca de la región de MENA y se abordaron los principales problemas que enfrenta en tiempos recientes. Algunos de ellos son los retos de mejorar la seguridad alimentaria y la nutrición, y al mismo tiempo incrementar la productividad y resolver la creciente dependencia de los mercados extranjeros. En esta sección se abunda en el análisis al explorar las posibles tendencias futuras de consumo, producción y comercio de productos agrícolas y pesqueros.[14]

Principales factores económicos y sociales clave que moldean las perspectivas

Las perspectivas de agricultura, alimentación y pesca en la región de MENA se basan en gran medida en el desempeño macroeconómico de la región, sus avances demográficos, la presencia y magnitud de los conflictos, y en la evolución de las políticas públicas.

Según datos del Banco Mundial, en promedio, las familias de la región gastan alrededor de 44% de sus ingresos en alimentos y bebidas.[15] Debido a este alto porcentaje, las perspectivas económicas se mantendrán como factor decisivo que afectará el consumo de alimentos y la seguridad alimentaria en la próxima década. Con base en los supuestos de mejora de los mercados energéticos, la continuación de las reformas estructurales de políticas públicas y en la falta de cambios sustanciales en el favorable clima geopolítico, se prevé que el crecimiento promedio de los ingresos per cápita de la región será de 1.6% anual en la siguiente década, por encima de 1% anual de la anterior (Figura 2.11).[16] Sin embargo, es poco probable que este aumento previsto de los ingresos provoque cambios significativos en los patrones alimentarios.

Figura 2.11. **Crecimiento del PIB per cápita pasado y previsto en Oriente Medio y África del Norte**

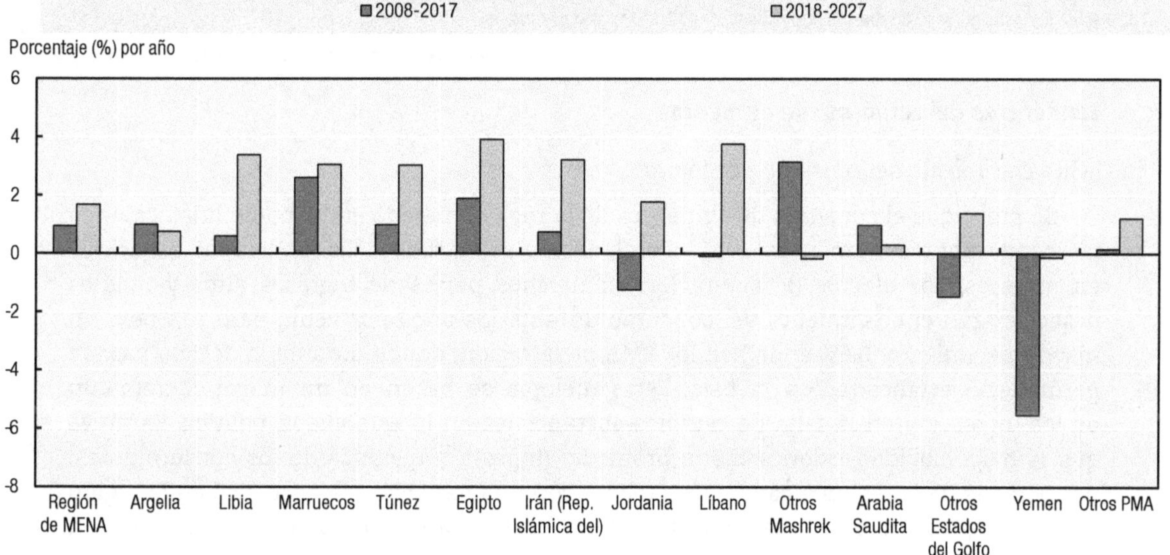

Fuente: OCDE/FAO (2018), "OCDE-FAO Perspectivas Agrícolas", *Estadísticas de la OCDE sobre agricultura* (base de datos), *http://dx.doi.org/10.1787/agr-outl-data-en.*

StatLinks http://dx.doi.org/10.1787/888933848759

Los acontecimientos en materia demográfica son un segundo impulsor importante de la demanda de alimentos total. Se prevé que el crecimiento demográfico se desacelerará en toda la región, al bajar en total de 2% anual en la década pasada a 1.6% anual en la siguiente (Figura 2.12), aunque esta cifra aún representa casi 100 Mn de personas más. El porcentaje de población rural está bajando, pero se mantendrá arriba de 60% en los PMA, en tanto que en la región del Golfo bajará a cerca de 10%. La mayor proporción de consumidores urbanos aumentará la demanda de alimentos preparados, que por lo general contienen más grasas y azúcares.

Figura 2.12. **El crecimiento demográfico se desacelerará en toda la región, aunque en forma desigual**

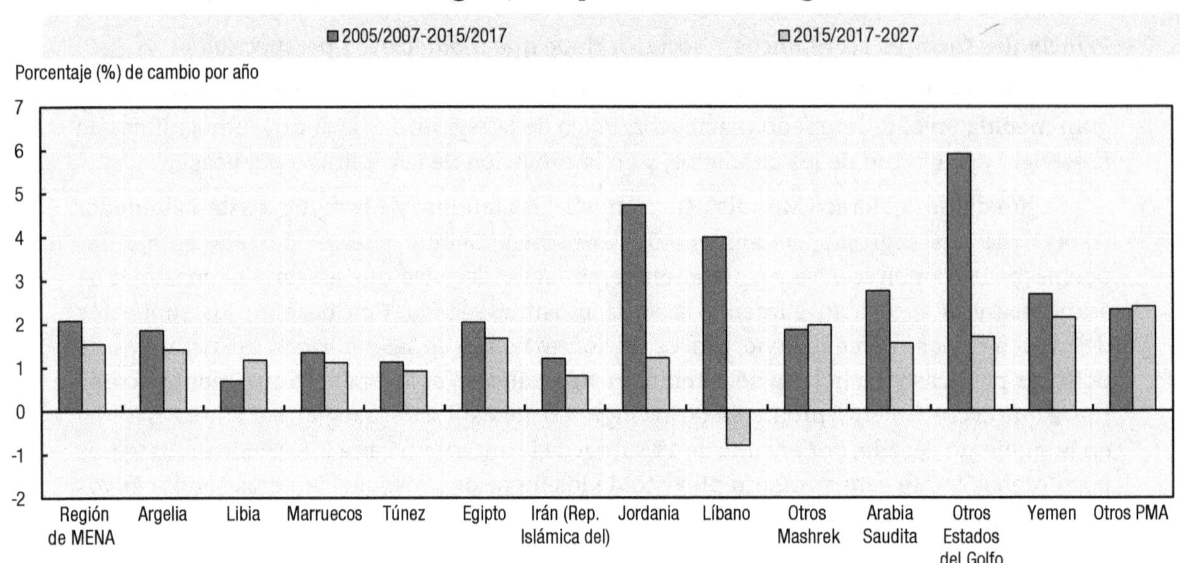

Fuente: Perspectivas de la población mundial de 2015: Revisión de la División de Población de las Naciones Unidas (World Population Prospects 2015: Revision from the UN Population Division) y OCDE/FAO (2018), "OCDE-FAO Perspectivas Agrícolas", *Estadísticas de la OCDE sobre agricultura* (base de datos), *http://dx.doi.org/10.1787/agr-outl-data-en.*

StatLinks *http://dx.doi.org/10.1787/888933848778*

Tendencias del consumo de alimentos

Lento crecimiento del consumo per cápita

Se prevé que el consumo de alimentos de la región, medido en disponibilidad calórica per cápita por día, aumentará 0.4 % anual, debido sobre todo a las moderadas ganancias en ingresos. Los efectos de saturación en muchos países de ingresos altos y medios desacelerarán el crecimiento del consumo durante los años por venir, pero se prevé un mayor crecimiento (0.6% anual) en los PMA de la región, donde durante la década pasada permaneció estancado o a la baja. Estas mejoras se basan en un mayor incremento de los ingresos y en la falta de cambios sustanciales en la estabilidad política. Se prevé que la disponibilidad calórica diaria promedio (ingesta y residuos de los consumidores) por persona de la región alcanzará 3200 kcal, con una variación de 3440 kcal en la región del Golfo, 3412 kcal en África del Norte y 2962 kcal en otros países de Asia Occidental, a 2420 kcal en los PMA.

En la dieta de la región de MENA predominan los alimentos de origen vegetal. En las *Perspectivas* se prevé que los alimentos de origen animal aumentarán en participación, debido al mayor consumo de carne, pescado y productos lácteos, pero la transición será lenta (Figura 2.13). Se estima que, en 2027, 89% de las calorías de la región provendrá de fuentes vegetales, ligeramente por debajo del nivel actual. Los patrones de alimentación de toda la región permanecerán relativamente similares y las diferencias entre las subregiones se deberán sobre todo a diferencias de ingresos. Los países de la región del Golfo consumen el mayor porcentaje de productos animales: 15%. En segundo lugar se ubican los PMA con 12%, debido a sus grandes sectores de cría de ganado, en tanto que los países de África del Norte y otros países de Asia Occidental únicamente llegarán a cerca de 10% en 2027. Estos porcentajes de calorías provenientes de fuentes animales se comparan con el estable 24% registrado en los países desarrollados durante muchos años.

Figura 2.13. **Disponibilidad de calorías provenientes de varias fuentes**

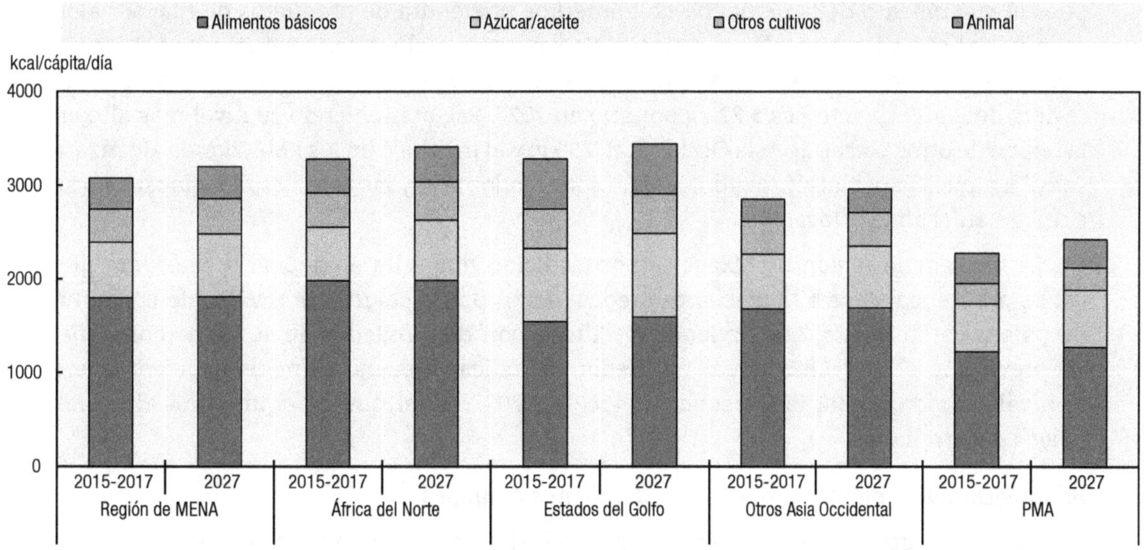

Alimentos básicos | Azúcar/aceite | Otros cultivos | Animal

kcal/cápita/día

4000
3000
2000
1000
0

2015-2017 | 2027 | 2015-2017 | 2027 | 2015-2017 | 2027 | 2015-2017 | 2027 | 2015-2017 | 2027

Región de MENA | África del Norte | Estados del Golfo | Otros Asia Occidental | PMA

Fuente: OCDE/FAO (2018), "OCDE-FAO Perspectivas Agrícolas", *Estadísticas de la OCDE sobre agricultura* (base de datos), *http://dx.doi.org/10.1787/agr-outl-data-en.*

StatLinks http://dx.doi.org/10.1787/888933848797

Se mantendrá el predominio de los cereales en la dieta

El consumo alimentario anual promedio de cereales de la región se ubica ahora en cerca de 200 kg por habitante, casi 60 kg más alto que el promedio mundial. Se prevé que se mantendrá más o menos en este nivel durante el periodo de la proyección. El trigo es el alimento básico tradicional de la región, y sin embargo se prevé que su consumo per cápita se mantendrá sin cambio. Se espera que el arroz muestre un continuo crecimiento en la región del Golfo debido al consumo por parte de los migrantes del Sudeste asiático y Asia Oriental. En los PMA también está al alza el consumo de cereales secundarios cultivados localmente (sobre todo mijo) (Figura 2.14).

Figura 2.14. **El trigo se mantiene como el cereal más importante de la región**

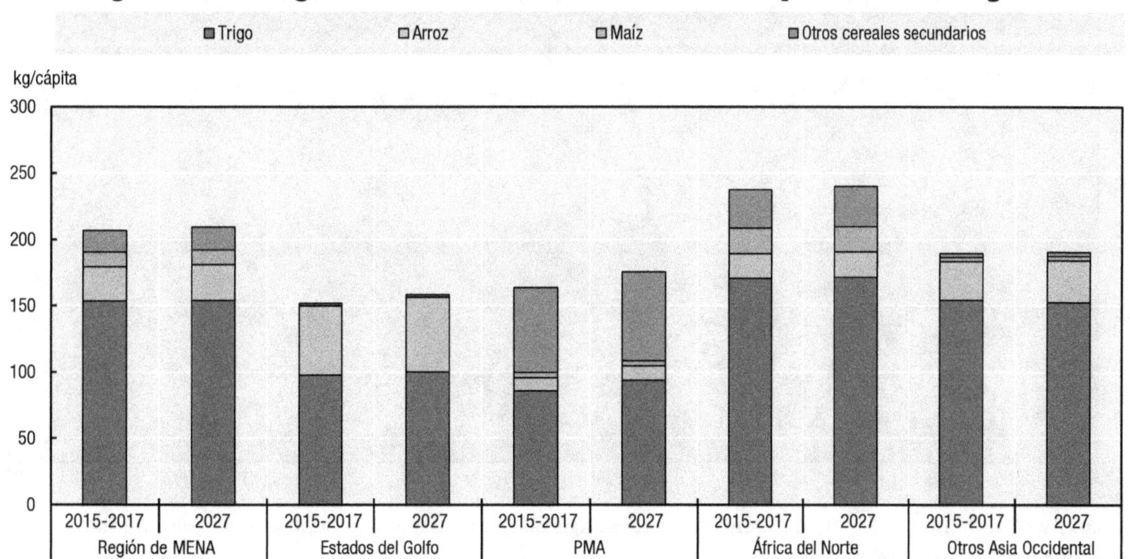

Fuente: OCDE/FAO (2018), "OCDE-FAO Perspectivas Agrícolas", *Estadísticas de la OCDE sobre agricultura* (base de datos), *http://dx.doi.org/10.1787/agr-outl-data-en.*

StatLinks http://dx.doi.org/10.1787/888933848816

El porcentaje de calorías de los cereales en la dieta seguirá disminuyendo con lentitud, pues el crecimiento de la demanda de alimentos provendrá de productos de mayor valor, en especial el aceite vegetal y el azúcar.[17] Se espera que el mayor consumo de alimentos procesados y comidas preparadas impulse el consumo per cápita de aceite vegetal en la región, de los 19 kg actuales a 22 kg por año en 2027. Seguirá teniendo su nivel más alto en la región de otros países de Asia Occidental (25 kg) y el más bajo en los PMA, donde alcanzará solo 7 kg, pues la población seguirá siendo sobre todo rural y las semillas oleaginosas no se cultivan en el ámbito local.

La dieta de la región de MENA es por tradición muy alta en azúcar y se espera que así se mantenga, pese a la creciente preocupación por la salud. Los niveles de consumo de países como Egipto, Arabia Saudita y Túnez son de alrededor de 40 kg/persona/año. Se prevé que el consumo anual promedio de azúcar crecerá, a medida que prospere el nivel de vida, de 32 kg/persona a 34 kg en 2027, nivel que se equiparará al de los países desarrollados.

Baja ingesta de proteínas provenientes de fuentes animales

La carne ocupa un lejano segundo lugar como fuente de proteínas en la dieta promedio de la región de MENA (Figura 2.15). El consumo promedio de carne de la región actual es de 25 kg/persona anual (peso al menudeo). Se prevé que, debido al aumento de los ingresos, el consumo aumentará 0.6% por año en el mediano plazo, encabezado por el crecimiento en la carne de aves de corral, que es por mucho margen el producto cárnico más importante en la actualidad, con 18 kg, lo cual significa un crecimiento de casi 1%. El consumo de carne llega a su nivel máximo en la región del Golfo, donde aumentará de manera marginal a 54 kg. El consumo de carne de los PMA de la región se impulsará en gran medida por los avances en el sector interno de carne de ovino y bovino. Se espera que se recupere de las bajas recientes a cerca de 17 kg/persona/año en 2027 con base en las mejoras en la productividad previstas por las comunidades dedicadas al pastoreo.

Figura 2.15. **El porcentaje de proteína animal en la dieta de la región de MENA va en aumento**

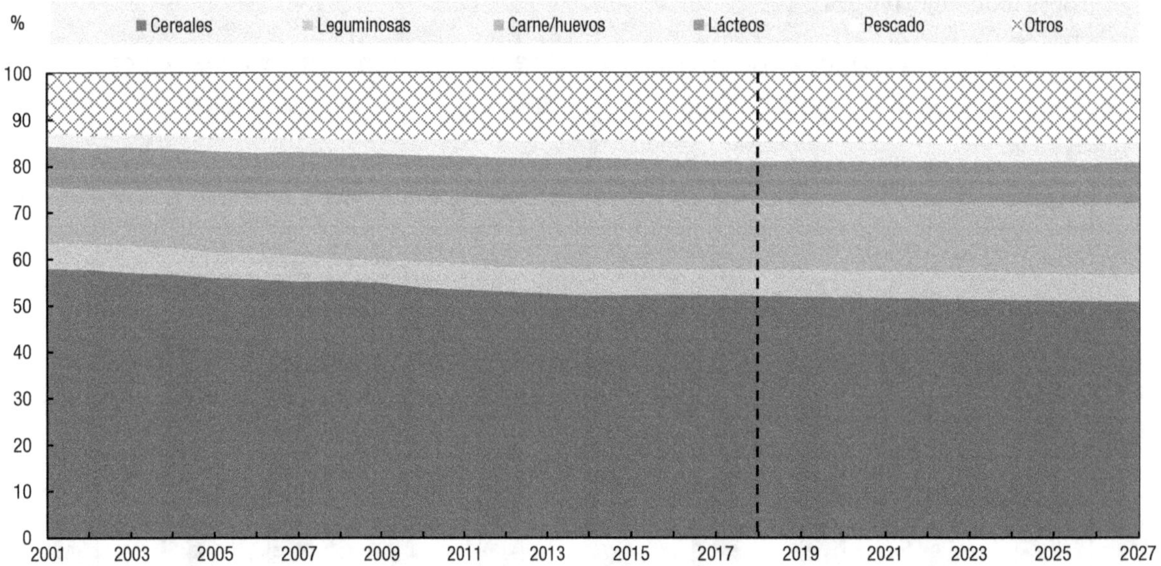

Fuente: FAOSTAT, OCDE/FAO (2018), "OCDE-FAO Perspectivas Agrícolas", *Estadísticas de la OCDE sobre agricultura* (base de datos), *http://dx.doi.org/10.1787/agr-outl-data-en.*

StatLinks http://dx.doi.org/10.1787/888933848835

El consumo de pescado en la región de MENA aumentó con rapidez en años recientes, a 4% anual en la década pasada, y se ubicó en segundo lugar tras la carne de aves de corral en cuanto al suministro de proteínas en la dieta de esta región. Si bien su consumo es bajo y permanece estancado en los PMA, el crecimiento en todas las demás localidades aún supera al consumo de carne.

Los productos lácteos son ya una importante fuente de nutrición en la región, pero el consumo per cápita bajó en la década pasada a una tasa de 1.1% anual, debido a las difíciles condiciones de producción que privan en particular en otros países de Asia Occidental y en los PMA. En cambio, el consumo creció con fuerza en la región del Golfo, 4.9% anual, y 1.8% anual en África del Norte. El consumo de productos lácteos sigue en aumento en la región de MENA, a medida que los productos ingresan a más mercados con una gama más amplia de productos. Los productos lácteos frescos seguirán representando el mayor porcentaje del mercado de lácteos de la región, pero en los países más adinerados hay mercados crecientes para productos procesados, como la mantequilla y el queso. En las regiones de ingresos más bajos, sobre todo en los países de África del Norte, es considerable la demanda de leches en polvo, las cuales se reconvierten en productos lácteos frescos.

Perspectivas para la producción

En la evolución de mediano plazo de la producción agrícola en la región de MENA influirán múltiples factores internos e internacionales. La producción tendrá que afrontar una serie de dificultades internas para lograr un desarrollo sostenible, como aridez, tierra cultivable limitada, recursos hídricos escasos y las graves implicaciones del cambio climático. Además, en casi todos los productos agrícolas y pesqueros, la competencia en precios de los mercados internacionales es alta y, en términos reales, dichos precios tienden a bajar.

Por estos factores, la producción agrícola y pesquera de la región, medida en precios internacionales constantes, creció lentamente, con una tasa anual de 1.3% anual durante la década pasada.[18] Esta lenta tasa de crecimiento se debe a la baja de los precios reales, pero también a políticas públicas débiles, inversión insuficiente en ciencia y tecnología y desarrollo agrícola, y los conflictos que contribuyen a la condición empobrecida de los recursos agrícolas, así como a su uso ineficiente y baja productividad.

Se prevé una mejora moderada del crecimiento de la producción de mediano plazo con base en un entorno económico mejorado en términos generales, en la no intensificación de los conflictos en algunos países y en una mayor estabilidad en otros que debe optimizar la inversión y la productividad. Se prevé un crecimiento anual promedio para la región en su conjunto de 1.5% anual. Para las perspectivas de crecimiento regional será decisivo el desempeño de sus dos principales países productores, Egipto y la República Islámica del Irán, que en conjunto representan más de la mitad del valor de la producción agrícola y pesquera de la región de MENA. Se prevé un crecimiento en ellos de 2.0% anual y 1.0% anual, respectivamente.

Recuadro 2.4. **Futuro de la producción alimentaria en entornos controlados**

Muchos países de MENA afrontan un reto doble: por un lado, necesitan conservar su a menudo pequeña y frágil base de recursos y, por otro, afrontan una dependencia alta y creciente de la importación de alimentos. El cambio climático se sumará a estas dificultades, lo que limitará aún más las capacidades de producción e incrementará las necesidades de importación. Estos retos son más pronunciados en los países del Consejo de Cooperación del Golfo (CCG), donde la dependencia de las importaciones puede rebasar el 90% de los requerimientos internos de alimentos y donde tanto las tierras fértiles como los recursos hídricos

Recuadro 2.4. **Futuro de la producción alimentaria en entornos controlados** *(cont.)*

renovables están casi agotados. De hecho, muchos de estos países han cultivado productos alimentarios en tierras desérticas irrigadas y con aguas fósiles y, como era de esperarse, se vieron obligados a detener su producción por completo poco después de haberla iniciado. Si bien los entornos naturales adversos a la producción han hecho insostenibles estas prácticas, la producción en los llamados "entornos controlados" promete opciones nuevas y sostenibles para reiniciar la producción alimentaria interna.

"Entornos controlados" es un término con que suele definirse la producción agrícola independiente de los entornos de producción naturales. Por lo común, se trata de invernaderos con clima totalmente controlado, cerrados o semicerrados, en los que el suelo se reemplaza con un medio inerte, como grava o perlita y el suministro de agua se basa en el cultivo hidropónico. Los suministros de nutrientes se gestionan bien sea mediante fertilizantes o fuentes de nutrientes vegetales "naturales", como abono de pescado u otros animales. Los entornos controlados son plantas de producción de alta tecnología que combinan toda una gama de diversas tecnologías, como fertilización completamente automatizada, control de plagas y mala hierba, sistemas robóticos de recolección, iluminación LED, calefacción solar, sistemas de enfriamiento adiabático y desalinización con uso eficiente de energía. También utilizan altos niveles de CO_2 ambiental para aumentar el rendimiento, que puede alcanzar cifras extraordinariamente altas, por ejemplo, hasta 100 kg de tomates/m^2. De igual manera que a los teléfonos inteligentes, a estas plantas de producción se les llama "granjas inteligentes".

La combinación de diferentes tecnologías permite una producción independiente de la ubicación, y completamente controlada con una alta eficiencia en recursos. Estas propiedades propiciaron que los entornos controlados incursionaran en los entornos cálidos y áridos, como los desiertos de Arizona, Australia y, en fechas más recientes, los de países pertenecientes al CCG.

Los costos de producción de algunas frutas y de muchas verduras son sorprendentemente bajos. La energía solar provee electricidad de bajo costo para enfriamiento e iluminación LED, para la desalinización y fertilizantes nitrogenados. Se dispone de CO_2 como producto secundario de la industria de los hidrocarburos y el cemento, en tanto que los trabajadores migrantes ofrecen mano de obra de bajo costo para la recolección, clasificación y otros procesos de uso intensivo de mano de obra. Del lado de la demanda, los supermercados proporcionan cadenas de refrigeración y acceso a una gran base de consumidores, bien sea al menudeo o el gran sector de la hostelería. Los cálculos preliminares sugieren que es posible producir tomate, berenjena, pimiento o microhierbas con costos de 30% a 40% más bajos que los precios del producto enviado por carga aérea. Diversas empresas de reciente creación, pero también empresas bien establecidas, aprovechan estas nuevas oportunidades, lo cual se aprecia en las inversiones en entornos controlados, que suben con rapidez.

No obstante, producir en entornos controlados implica riesgos y límites específicos para los países del CCG, como la necesidad de contar con un operador de alta especialización (el "productor en jefe") para dirigir una planta como esta, la necesidad de gestionar una compleja cadena de suministro (desde las semillas hasta las refacciones) o la de establecer empresas conjuntas con asociados locales, pues en muchos países del CCG la propiedad de la tierra por parte de extranjeros está muy restringida o es por completo inviable.

La producción agrícola de la región está dominada por los cereales. Si bien en el pasado la producción aumentaba sobre todo al ampliar la superficie cultivada, en el futuro la mejora de rendimiento se contempla como la fuente más importante de ganancias. Se prevé que la tierra cultivada permanecerá sin cambios hacia 2027. Se espera que el rendimiento de los principales cultivos —trigo, cereales secundarios y arroz— crezca cerca de 1.5% anual, lo cual se relaciona con las mejoras en el potencial de las semillas, la mayor intensidad de insumos y una mejor gestión. Más adelante, se prevé que la producción de trigo, el cultivo fundamental de la región,

Figura 2.16. **El valor neto de la producción agrícola aumentará con mayor fuerza**

En Mm USD constantes (2004-2006)

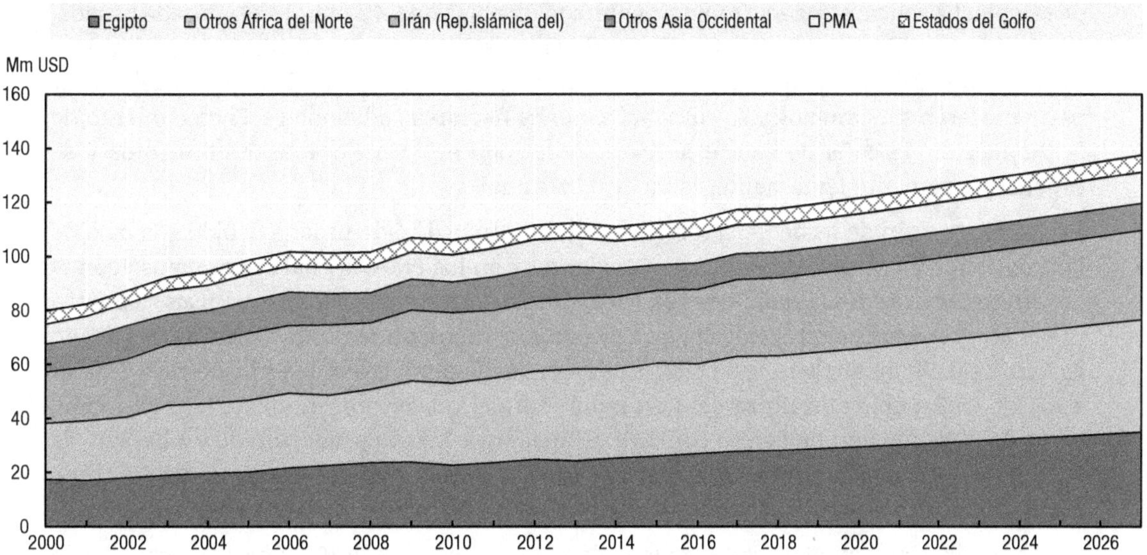

Fuente: FAOSTAT, OCDE/FAO (2018), "OCDE-FAO Perspectivas Agrícolas", *Estadísticas de la OCDE sobre agricultura* (base de datos), *http://dx.doi.org/10.1787/agr-outl-data-en.*

StatLinks *http://dx.doi.org/10.1787/888933848854*

alcanzará 45 Mt en 2027, por encima de los 37 Mt actuales. La República Islámica del Irán, el mayor productor de la región, incrementará su participación de 32% a 35%, pues su producción llegará a 16 Mt en 2027. Se espera que la producción de maíz, que se elevó en años recientes debido a las fuertes bajas sufridas en la República Islámica del Irán, se recupere en el mediano plazo en virtud de un mejor rendimiento y alcance 10.5 Mt. La producción de arroz, dos tercios de la cual corresponde a Egipto, será de 7.6 Mt para 2027, lo cual representa un incremento de 1.5% anual, debido al crecimiento más lento de la superficie cultivada.

Figura 2.17. **Cambios en las principales actividades de producción de la región de MENA**

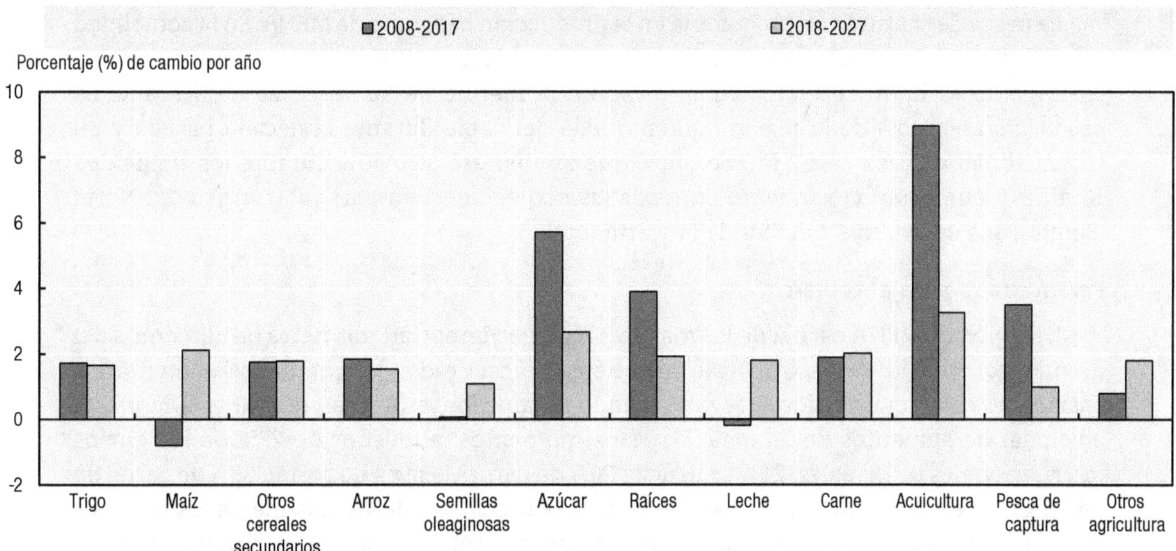

Fuente: OCDE/FAO (2018), "OCDE-FAO Perspectivas Agrícolas", *Estadísticas de la OCDE sobre agricultura* (base de datos), *http://dx.doi.org/10.1787/agr-outl-data-en.*

StatLinks *http://dx.doi.org/10.1787/888933848873*

El azúcar producido a partir de la caña de azúcar y cada vez más de la remolacha azucarera es el producto básico que aumenta con mayor rapidez en la región. La producción de remolacha azucarera creció rápidamente, con una tasa de 6.4% anual en la década pasada, gracias a una expansión de la superficie cultivada de 10% anual en Egipto. Se prevé que se incrementará 3.0% anual durante el periodo de las perspectivas, pues los precios del azúcar permanecerán sin cambios y se cultivarán menos hectáreas adicionales. El crecimiento de la producción de caña de azúcar se basa sobre todo en la mejora de rendimientos y se espera que aumente lentamente, cerca de 0.8% anual.

La producción de leche de la región se estancó en la década pasada debido a la baja de la producción en otros países de Asia Occidental y en los PMA, la cual se compensó con el crecimiento en las demás subregiones. Para la próxima década, en las *Perspectivas* se prevén mejoras en el rendimiento de leche de 1.6% anual y un incremento de los hatos de ganado lechero de 0.2% anual. Como resultado, se espera que la producción de leche llegue a 38.4 Mt en 2027. La República Islámica del Irán mantendrá el mayor porcentaje de la producción, cerca de 20%, seguido de Egipto con 18%. Al igual que en el pasado, alrededor de 50% de la leche se consumirá en fresco, en tanto que 18% se procesará como queso y 16% como mantequilla; el porcentaje restante se utilizará en la producción de leche en polvo.

La producción actual de carne en la región es de alrededor de 10 Mt (peso en canal), y la carne de aves de corral representa más o menos 60%, seguida por la carne de bovino y carne de ovino con cerca de 20% cada una. Se espera que las inversiones en nuevas instalaciones para la producción ganadera, junto con mayores pesos en canal, incrementen la producción de carne en toda la región en promedio, en 2.0% anual, un mayor que en la década anterior. Para satisfacer el rápido crecimiento de la demanda interna, se prevé que la producción de carne de aves de corral se incrementará 2.8% anual, debido al fuerte crecimiento en África del Norte, donde predomina el sector de carne de aves de corral de Egipto. El sector ganadero de la subregión de los PMA se caracteriza por un inventario de ganado muy grande, que ahora se estima en cerca de 45 millones de cabezas, que representa más de 60% del inventario total de ganado de la región de MENA. No obstante, debido a las prácticas tradicionales de pastoreo con bajas tasas de rendimiento, la subregión produce solo 22% de la carne de bovino de la región de MENA.

La pesca de captura aún predomina en la producción pesquera de MENA. En la actualidad se obtienen 4 Mt por año, y a Marruecos corresponde casi 40%. En la próxima década el crecimiento se limitará a 0.5% anual debido a la merma de las reservas de pescado. La producción acuícola de la región aumentó más del doble durante la década pasada y en la actualidad alcanza casi 2 Mt. Se prevé que aumentará otro 50% durante los siguientes 10 años y que habrá crecimiento en todas las subregiones, en particular África del Norte (Egipto), que contribuye con 75% de la oferta total.

Perspectivas para el comercio

La región de MENA es una de las mayores regiones importadoras netas de alimentos del mundo, con considerables importaciones netas de casi todos los productos alimentarios básicos; el comercio ha sido y seguirá siendo el contribuyente más relevante a la oferta adicional de alimentos de la zona. En estos momentos, alrededor de 27% de los envíos internacionales de cereales, 21% de azúcar, 20% de carne de aves de corral, 39% de carne de bovino, 20% de LDP y 30% de LEP se destinan a la región de MENA. Los mercados internos de la región por lo general están estrechamente integrados a los mercados agrícolas mundiales, interdependencia que sin duda continuará y se espera que se intensifique en productos como trigo y maíz.

Se prevén grandes incrementos en las importaciones netas, pues el consumo seguirá superando a la producción de la mayoría de los productos alimentarios básicos. Se prevé que en 2027 el déficit será de 58 Mt de trigo y 65 Mt de cereales secundarios. El mayor porcentaje de las importaciones de la región de MENA de casi todos los productos básicos seguirá destinándose al África del Norte, seguida por otros países de Asia Occidental. La excepción son otros cereales secundarios y arroz, pues en su caso predomina la región del Golfo (Figura 2.19). En la región del Golfo predominan las importaciones de carne y pescado, debido a su baja producción y sus relativamente altos niveles de consumo. Los PMA son los únicos exportadores netos de pescado de la región, y se prevé que estas exportaciones se incrementarán.

Figura 2.18. **Aumento de las importaciones netas de todos los productos básicos y en todas las regiones**

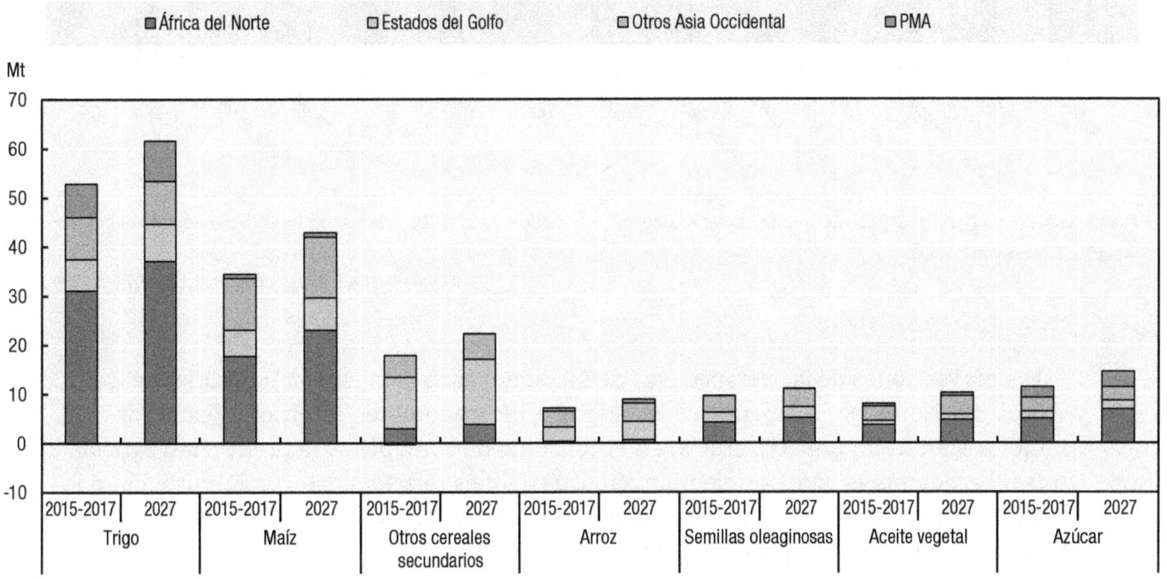

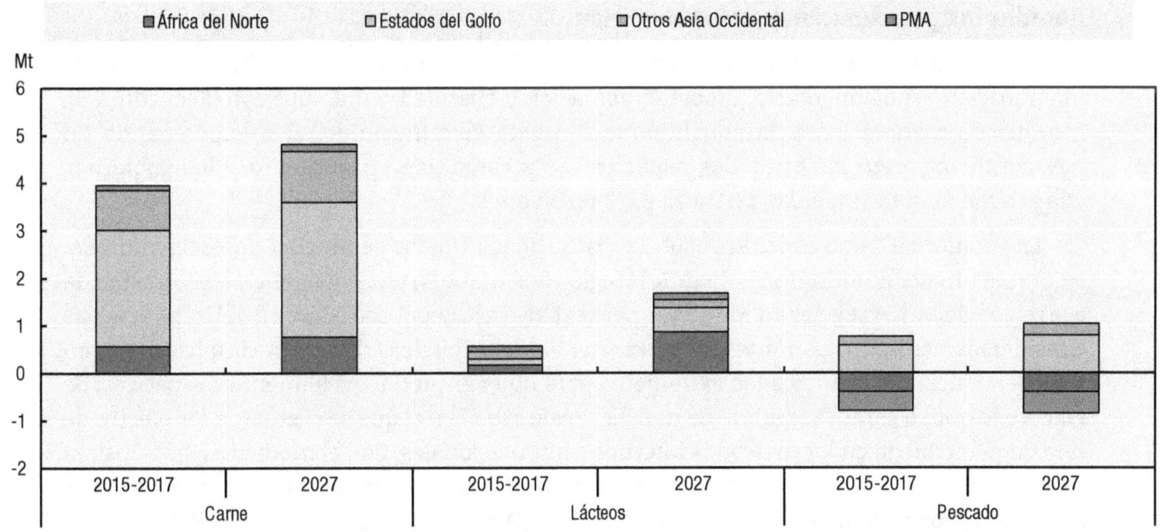

África del Norte | Estados del Golfo | Otros Asia Occidental | PMA

Mt

70 60 50 40 30 20 10 0 -10

2015-2017 2027 — Trigo; 2015-2017 2027 — Maíz; 2015-2017 2027 — Otros cereales secundarios; 2015-2017 2027 — Arroz; 2015-2017 2027 — Semillas oleaginosas; 2015-2017 2027 — Aceite vegetal; 2015-2017 2027 — Azúcar

África del Norte | Estados del Golfo | Otros Asia Occidental | PMA

Mt

6 5 4 3 2 1 0 -1 -2

2015-2017 2027 — Carne; 2015-2017 2027 — Lácteos; 2015-2017 2027 — Pescado

Fuente: OCDE/FAO (2018), "OCDE-FAO Perspectivas Agrícolas", *Estadísticas de la OCDE sobre agricultura* (base de datos), *http://dx.doi.org/10.1787/agr-outl-data-en.*

StatLinks http://dx.doi.org/10.1787/888933848892

Figura 2.19. **Alta dependencia de los mercados extranjeros para obtener productos alimentarios básicos**

Coeficiente de autosuficiencia, producción/consumo

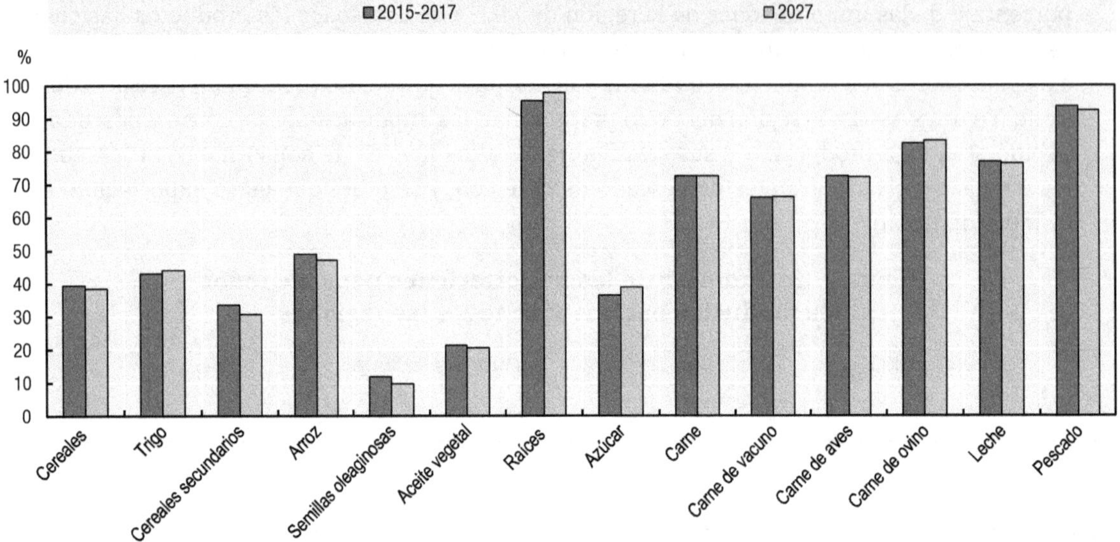

Fuente: OCDE/FAO (2018), "OCDE-FAO Perspectivas Agrícolas", *Estadísticas de la OCDE sobre agricultura* (base de datos), *http://dx.doi.org/10.1787/agr-outl-data-en.*

StatLinks *http://dx.doi.org/10.1787/888933848911*

Riesgos e incertidumbres

Las proyecciones de las perspectivas de mediano plazo para la región de Oriente Medio y África del Norte están sujetas a los riesgos e incertidumbres internos y externos. Los conflictos ejercen un impacto crucial en el consumo de alimentos y la producción agrícola. Otras incertidumbres son, por ejemplo, preocupaciones relacionadas con la nutrición o la volatilidad de los precios del petróleo crudo. A continuación se analizan dichos conflictos para ilustrar su posible impacto en las proyecciones clave.

Abordar las preocupaciones sobre nutrición

Algunas partes de la región de MENA afrontan lo que se conoce como "triple carga de la malnutrición": subalimentación, sobrealimentación u obesidad, y malnutrición (Recuadro 2.5). Aunque de manera lenta, la subalimentación está disminuyendo, al menos cuando no hay conflictos; pero los otros dos aspectos de la carga van en aumento y los gobiernos consideran adoptar medidas políticas para resolverlos.

En el informe "Arab Horizon 2030" de las Naciones Unidas se analizó un escenario para examinar un cambio radical en la dieta de la región árabe (que en términos generales corresponde a la región de MENA según se define aquí, pero excluye a la República Islámica del Irán).[19] Dichas consideraciones son importantes, pues resolver el problema de la dieta tiene implicaciones en la dependencia de los mercados extranjeros para obtener productos alimentarios básicos. Se elaboró lo que se llamó "Escenario de una dieta saludable" en el que se evaluaron los efectos de una dieta mejorada en los mercados internos e internacionales. Con el modelo Aglink-Cosimo de la OCDE-FAO se simuló un escenario en el cual los patrones alimentarios se ajustaban a las recomendaciones de una "dieta saludable" de la FAO y de la OMS, de 2200 kilocalorías al día, lo cual se lograría al disminuir 50% la disponibilidad de cereales para consumo alimentario, duplicar el consumo de carne y huevo, triplicar los productos lácteos y reducir el consumo de azúcar y aceite vegetal. A partir de un factor supuesto de "desperdicio" de 30% implícito en el estimado de disponibilidad calórica de referencia, dichos cambios implican disminuir la disponibilidad calórica total de 3100 kcal al día a 2860 kcal al día.

Recuadro 2.5. **La triple carga de la malnutrición en la región de MENA**

La región de Oriente Medio y África del Norte (MENA) comprende 22 países con niveles muy distintos de desarrollo, ingresos, condiciones de salud y seguridad social.[1] El intervalo abarca desde los muy altos niveles de desarrollo en los países pertenecientes al Consejo de Cooperación del Golfo (CCG) y los niveles moderados en los países del Mashrek y el Magreb hasta los muy bajos niveles de los tres PMA de la región. Como era de esperar, en ella también difieren los problemas relacionados con la nutrición y la capacidad de los diversos países para resolver la carga de la malnutrición. Por una parte, los PMA de la región enfrentan problemas graves y crónicos de hambre o verdaderas hambrunas; en cambio, por otra parte, los países del CCG y muchos de los países de ingresos medios afrontan el problema creciente del consumo excesivo y, por tanto, de crecientes niveles de sobrepeso y obesidad. Casi todos los países de MENA tienen una dieta poco diversificada, con altos niveles de deficiencia en micronutrientes, en especial hierro, lo cual puede causar anemia. En el cuadro siguiente se resume la presencia de las diversas formas de malnutrición; lo que no se refleja en él es que las diversas formas de malnutrición no se restringen, ni siquiera se concentran, en un determinado país; en cambio, ocurren de manera simultánea en muchos países, algunas veces dentro de la misma familia, y en algunos casos afectan a la misma persona.

	Oriente Medio		África del Norte*	
	2005	2015	2005	2015
		%		
Prevalencia de subalimentación en la población total	9.1	9.1	4.6	6.7
Prevalencia de inseguridad alimentaria en la población adulta (>=15 a)	30.9	8.7	27.9	11.2
Prevalencia de emaciación en niños (< 5 a)		3.9		7.9
Prevalencia de retraso de crecimiento en niños (< 5 a)	20.6	15.7	21.6	17.6
Prevalencia de sobrepeso en niños (< 5 a)	7.0	8.0	8.9	10.0
Prevalencia de obesidad en la población adulta (>=18 a)	20.3	25.8	17.5	22.6
Prevalencia de anemia en mujeres en edad reproductiva (15-49 a)	34.1	37.6	36.7	32.6

* Incluye Sudán.

La aparición simultánea de las diversas formas de malnutrición se conoce como "triple carga de la malnutrición". Causa daños cada vez mayores en el sector de la salud de la región, incluso en el desempeño económico general. Por un lado, la anemia y la subalimentación reducen la capacidad de una persona de realizar trabajo físico y, por consiguiente, se crean trampas de pobreza, en particular en los PMA, pero no solo en ellos. Por otra parte, el sobrepeso y la obesidad son cada vez más notorios debido a los altos niveles de prevalencia de enfermedades no transmisibles (ENT), observados sobre todo en los países del CCG pero también en los pertenecientes al Mashrek y el Magreb.

La aparición simultánea de las diversas formas de malnutrición también dificulta la atención eficiente de los tres problemas. Algunos programas aplicados en el pasado solían adoptar un enfoque "mayorista", por ejemplo, bajar los precios de los alimentos para todos los consumidores, en particular de los alimentos básicos (pan/harina/azúcar). Si bien con eso se lograba un mejor acceso a la energía proporcionada por los alimentos básicos incluso para los consumidores más pobres, también agravó el creciente problema de sobrepeso y obesidad, así como el consiguiente desperdicio de alimentos. Diversos factores dificultan en particular las elecciones de políticas públicas para la región de MENA, como la gran riqueza y la desigualdad de ingresos, y la consecuente diferencia en las respuestas a los precios y a los incentivos de políticas públicas; altos porcentajes de población migrante y diferentes etnias, sobre todo en los países del CCG, y, por tanto, diferentes predisposiciones genotípicas a contraer ENT; instituciones débiles y deficiencias en los sistemas de distribución de alimentos e infraestructura física, lo que dificulta los programas de administración de complementos alimentarios y fortificantes. Como resultado, cubrir las demandas de la triple carga exige instrumentos de política pública mucho más focalizados e innovadores que los aplicados en el pasado.

1. Las estimaciones se ajustan a definiciones de indicadores y regiones basadas en datos del informe titulado *Estado de la inseguridad alimentaria y la nutrición* (FAO, 2017f).

El efecto en la producción interna se simuló a partir del supuesto de un aumento ilimitado de la oferta de la región. En este escenario, para 2030, la producción de carne en la región árabe aumentaría de 2 Mt a 13 Mt en el escenario de dieta saludable. La producción de lácteos (equivalente de leche líquida) aumentaría de 5 Mt a 25 Mt en 2030. Pese a que en el escenario de dieta saludable el consumo alimentario de cereales se reduciría de manera sustancial, la demanda general de estos productos aumentaría debido al gran crecimiento del sector ganadero y al consecuente uso interno de granos para forraje. La demanda de cereales para forraje crecería seis veces más rápido en el escenario de dieta saludable que en el nivel de referencia sin cambio. La producción de forraje en la región árabe no podría crecer con este ritmo tan rápido, por lo que la región requeriría importaciones adicionales de este producto. En consecuencia, la tasa de autosuficiencia en cereales sería menor en el escenario de dieta saludable que en la proyección base.

Si bien un cambio sustancial en la dieta promedio afectaría en forma positiva el estatus nutricional del consumidor promedio en la región árabe, no disminuiría la dependencia de la región de los mercados extranjeros, pues habría que importar granos para forraje, o productos ganaderos de valor agregado.

Análisis de las proyecciones alternativas de los precios del petróleo crudo

La balanza de divisas de muchos países de MENA depende en gran medida de los precios del petróleo crudo. Una simulación como la presentada en el Panorama general, que utiliza un aumento del precio del petróleo crudo a USD 122/barril en vez del valor de referencia de USD 76/barril para 2027, ilustra la relevancia de los precios del petróleo para la región. En la Figura 2.20 se muestran los efectos estimados en el consumo y el comercio. El aumento de los precios del petróleo genera un aumento de cerca de 10% en los precios mundiales de referencia de los cereales, lo que a su vez provoca un incremento en los precios al menudeo en la región de MENA de alrededor de 6%. Los aumentos estimados del PIB per cápita oscilan entre 2% en Egipto y 15% en Arabia Saudita. Como resultado, en promedio para la región, la disponibilidad calórica diaria aumentaría 0.6% en 2027, lo cual significa que el efecto en los ingresos del aumento de los precios del petróleo supera el aumento de los precios de los

Figura 2.20. **Impacto del aumento de los precios del petróleo en los precios del consumo y comercio de alimentos**

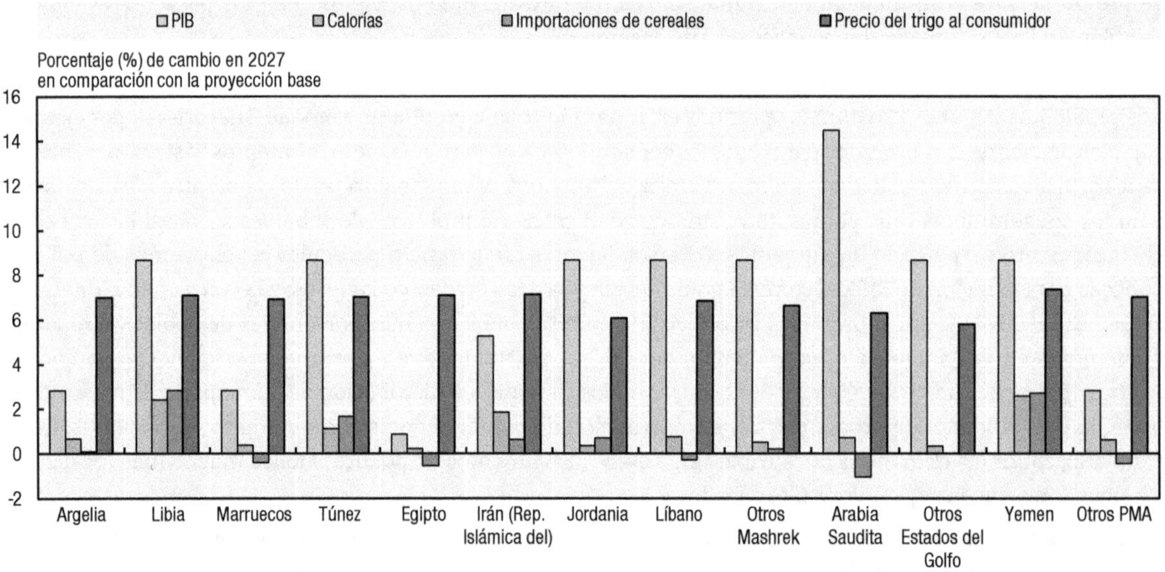

PIB | Calorías | Importaciones de cereales | Precio del trigo al consumidor

Porcentaje (%) de cambio en 2027 en comparación con la proyección base

16 14 12 10 8 6 4 2 0 -2

Argelia, Libia, Marruecos, Túnez, Egipto, Irán (Rep. Islámica del), Jordania, Líbano, Otros Mashrek, Arabia Saudita, Otros Estados del Golfo, Yemen, Otros PMA

Fuente: Secretariados de la OCDE y la FAO.

StatLinks http://dx.doi.org/10.1787/888933848930

alimentos, y a su vez genera un aumento general en el consumo de alimentos de la región. Entre los PMA de la región, el incremento estimado del PIB de Yemen es 8% en 2027, lo cual genera un aumento de 2.5% en la ingesta de calorías. Los impactos comerciales estimados para los cereales varían de un país a otro, pero las importaciones netas de trigo de la región en su conjunto aumentarán de manera marginal.

Implicaciones en las perspectivas de seguridad alimentaria de la región

Según estimaciones recientes (FAO, 2017f) para el periodo 2014-2016, la PoU más alta de la región corresponde a Sudán (25.6%), Iraq (27.8%) y Yemen (28.8%), y no se cuenta con datos confiables de la República Árabe Siria. Las proyecciones de una mayor disponibilidad calórica y proteica, basadas en el supuesto de un desarrollo económico estable y una distribución de ingresos también estable, implicarían una reducción de la PoU con el tiempo, en particular en los países menos desarrollados.

Conclusiones

Las perspectivas para la región de MENA suponen poco cambio en las políticas agrícolas, de recursos naturales y de crecimiento económico. Sus implicaciones para la región consisten en que los pronósticos de demanda, oferta y comercio de alimentos seguirán una trayectoria similar a la observada en el pasado: lento crecimiento del consumo de alimentos; cambios graduales en la dieta para incluir un mayor consumo de productos de origen animal; uso constante de agua con tasas insostenibles, y una continua y creciente dependencia de los mercados mundiales. La principal diferencia respecto de las tendencias anteriores sería un incremento de la producción de carne, leche, maíz y semillas oleaginosas relacionado con un mayor consumo de proteína animal. Mientras que la creciente producción de maíz y leche representa una recuperación del desempeño tan deficiente registrado en la última década, el aumento de la producción de carne se basa en el supuesto de que un mejor entorno económico generará más inversión y posteriores mejoras en la productividad de la región. Se prevé que estos acontecimientos limitarán, pero no revertirán, el aumento de la dependencia de la región de las importaciones.

Las actuales políticas agrícolas de la región hacen hincapié en el apoyo a los precios del trigo impulsado por la protección de las importaciones (Recuadro 2.1), y apuntan a limitar la dependencia de las importaciones de cereales. Al mismo tiempo, las políticas relativas al consumidor hacen hincapié en los precios subsidiados de los alimentos básicos y se consideran medidas de seguridad social. Los resultados de estas políticas se aprecian en el patrón de la superficie cosechada, 60% de la cual sigue dedicada a cereales que requieren agua.

Un enfoque alternativo a la seguridad alimentaria y las políticas agrícolas pondría énfasis en el desarrollo rural, apoyaría la producción de productos hortícolas de mayor valor en las granjas pequeñas, con el respaldo de un sólido sistema de extensión técnica. Este enfoque parte de la convicción de que el nivel de seguridad alimentaria de un país depende más de la eliminación de la pobreza que de la autosuficiencia en trigo. Las frutas y verduras consumen menos agua y brindan mayores rendimientos económicos por gota, y muchos países de la región tienen una ventaja comparativa en su producción. Si bien estos cultivos de mayor valor y productos de origen animal tienen el potencial de aumentar los ingresos de los productores, mejorar la nutrición y utilizar el agua con mayor moderación, requieren un nivel más alto de conocimientos (tanto agronómicos como del mercado de exportación), y plantean mayores niveles de riesgo. Cambiar las políticas públicas de seguridad alimentaria de la autosuficiencia a la eliminación de la pobreza centraría la atención de los responsables de formularlas en el desarrollo rural y en el fomento de la capacidad de los agricultores de reducir el riesgo y a la vez aumentar los cultivos de mayor valor.

Desde una perspectiva nutricional, la dieta en la región de MENA seguirá siendo muy rica en cereales, en particular en trigo. El porcentaje de aceite vegetal y azúcar, así como el de carne, pescado y productos lácteos, crecerán, aunque sea con lentitud. De no agravarse los conflictos, la subalimentación deberá bajar poco a poco, a medida que aumenten los niveles de consumo de alimento. No obstante, también se espera que el cambio de la dieta contribuya al incremento de las tasas de obesidad y sus consecuencias para la salud. La estructura actual de apoyo de políticas públicas hacia los consumidores de cereales limita la necesaria diversificación de la dieta y debe modificarse para remediar los crecientes problemas sanitarios.

Notas

1. En este capítulo, la región de Oriente Medio y África del Norte incluye países y zonas de la región de África del Norte y Oriente Medio de la FAO: Arabia Saudita, Argelia, Autoridad Palestina, Bahrein, Egipto, Emiratos Árabes Unidos (EAU), República Islámica del Irán, Iraq, Jordania, Kuwait, Líbano, Libia, Mauritania, Marruecos, Omán, Qatar, República Árabe Siria, Sudán, Túnez y Yemen.
2. Hay estrés hídrico cuando las extracciones anuales de agua dulce son altas en comparación con los recursos renovables de agua dulce internos. Si las extracciones superan a los recursos, esto significa que se están extrayendo o desalinizando recursos de aguas subterráneas no renovables internos y se están utilizando otros recursos acuíferos complementarios que no se incluyen en las cifras anuales totales de recursos hídricos (Banco Mundial, 2018).
3. El Índice de concentración Herfindahl-Hirschmann es una medida del grado de concentración de producto. El índice oscila entre 0 y 1. Un valor del índice cercano a 1 señala que las exportaciones o importaciones de un país están muy concentradas en unos cuantos productos. Por el contrario, los valores cercanos a 0 reflejan que las exportaciones o importaciones están distribuidas de manera más homogénea entre una serie de productos. En Bahar (2016) se presenta evidencia del ámbito mundial de índices de concentración sistemáticamente altos para los países ricos en recursos naturales.
4. La sodicidad se refiere a las altas concentraciones de sodio en los suelos. Los suelos sódicos tienen una estructura deficiente, pues el sodio provoca que los suelos se hinchen y dispersen. Una estructura de suelo dispersa pierde su integridad, se vuelve más propensa a anegarse y por lo común es más dura, lo cual dificulta que penetren las raíces de los árboles.
5. El valor de producción bruta comprende todos los productos de ganado y cultivo, incluso los cultivos usados como forraje. El comparador de tierra adecuado para la producción bruta es la tierra agrícola, que abarca tanto tierra cultivable como pastizales.
6. Todos los valores se expresan en dólares con los precios internacionales promedio de 2004-2006.
7. La "línea de escasez de agua" se define en PNUD (2006).
8. En general, el término agua "usada" significa que 1) se agota por evapotranspiración, 2) se absorbe en un producto, 3) fluye a un sitio donde no puede reutilizarse con rapidez o 4) padece una fuerte contaminación (Molden *et al.*, 2010).
9. Cline (2007). Los cálculos se basan en el *IPCC Third Assessment Report* publicado en 2001.
10. Verner y Breisinger (2013); FAO (2015); Ward y Ruckstuhl (2017).
11. El área de cereales se planta en su mayor parte con trigo. En 2014, de la superficie total de cereales, el trigo representó 43%, el sorgo 23%, la cebada 18% y el mijo 8%. La mezcla actual de trigo y cereales secundarios apenas difiere de la de la década de 1960, cuando el trigo equivalía a la mitad de toda la superficie de cereales cosechada.
12. El Consejo de Cooperación del Golfo incluye Arabia Saudita, Bahrein, Emiratos Árabes Unidos, Kuwait, Omán y Qatar.
13. Los países con conflictos son Iraq, Libia, República Árabe Siria, Sudán y Yemen.
14. En esta sección, los países a menudo se clasifican en grupos regionales. La región de África del Norte está compuesta por Marruecos, Argelia, Túnez, Libia y Egipto. En la región del Golfo están los Estados pertenecientes al Consejo de Cooperación del Golfo (CCG): Bahrein, Kuwait, Omán, Qatar, Arabia Saudita y Emiratos Árabes Unidos. La región de otros países de Asia Occidental abarca la

República Islámica del Irán, Líbano, Jordania y los demás países del Mashrek, República Árabe Siria, Autoridad Palestina e Iraq. La región de países menos adelantados (PMA) se compone de Yemen, Sudán y Mauritania.

15. Véase *www.worldbank.org*, Global Consumption Database. Las proporciones se basan en valores de 2016.
16. Véase FMI, *World Economic Outlook*, enero de 2018, y Banco Mundial, *Global Economic Prospects*, enero de 2018, con un análisis más detallado.
17. Excepto aceite de oliva, el cual no se incluye en esta proyección.
18. Véase FAOSTAT, "Producción agrícola neta", que pondera la producción agrícola de cada producto básico por precios internacionales de referencia durante el periodo 2004-2006. El valor de producción es neto, sin incluir el valor de los insumos de semillas y forrajes. Se añade el valor de la producción neta de pescado, sin insumos de forraje.
19. Con base en la Organización de las Naciones Unidas para la Alimentación y la Agricultura (FAO) y la Comisión Económica y Social para Asia Occidental de las Naciones Unidas (CESAO) (2018), *Arab Horizon 2030*, Beirut, CESAO.

Bibliografía

Bahar, D. (2016), "Diversification or Specialization: What is the Path to Growth and Development?", *Global Economic and Development at Brookings Policy Brief* (noviembre), (disponible en: *https://www.brookings.edu/wp-content/uploads/2016/11/global-20161104-diversification.pdf*).

Banco Mundial (2013), "Updated National and Global Estimates of Distortions to Agricultural Incentives, 1955 to 2011", Banco Mundial, Washington, D.C. (disponible en: *http://siteresources.worldbank.org/INTRES/Resources/469232-1107449512766/UpdatedDistortions_to_AgriculturalIncentives_database_0613.zip*).

Banco Mundial (2018), *World Development Indicators*, Banco Mundial, Washington, D.C. (disponible en: *http://databank.worldbank.org/data/reports.aspx?source=world-development-indicators*).

Banco Mundial (2018), *Beyond Scarcity: Water Security in the Middle East and North Africa*, MENA Development Report, Banco Mundial, Washington, D.C. (disponible en: *https://openknowledge.worldbank.org/handle/10986/27659*).

Bucchignani, E., *et al.* (2018), "Climate Change Projections for the Middle East - North Africa Domain with COSMO-CLM at Different Spatial Resolutions", *Advances in Climate Change Research* (disponible en Internet el 9 de febrero de 2018, *https://ac.els-cdn.com/S1674927817300552/1-s2.0-S1674927817300552-main.pdf?_tid=ed36ecde-2036-48e9-95ce-6d94afee3190&acdnat=1520339775_7fe177ee762aaafd47500e3a5b6dbe62*).

Cline, W. (2007), *Global Warming and Agriculture: Impact Estimates by Country*, Peterson Institute, Washington, DC.

Elhadary, Y. y H. Abdelatti (2016), "The Implication of Land Grabbing on Pastoral Economy in Sudan", *World Environment 2016*, vol. 6(2), págs. 25-33 (disponible en: *http://article.sapub.org/10.5923.j.env.20160602.01.html*).

FAO y CESPAO (2018a), *Arab Horizon 2030*, Organización de las Naciones Unidas para la Alimentación y la Agricultura (FAO) y Comisión Económica y Social para Asia Occidental (CESPAO), Publicaciones de la CESPAO, Beirut.

FAO (2018b), Aquastat Main Database, Organización de las Naciones Unidas para la Alimentación y la Agricultura (FAO) (disponible en: *http://www.fao.org/nr/water/aquastat/data/query/index.html?lang=en*).

FAO (2018c), FAOSTAT Database, Organización de las Naciones Unidas para la Alimentación y la Agricultura (FAO) (disponible en: *http://www.fao.org/faostat/es/#data*).

FAO (2018d), *Global Agro-Ecological Zones (GAEZ)*, Organización de las Naciones Unidas para la Alimentación y la Agricultura (FAO), Publicaciones de la FAO, Roma, (disponible en: *http://gaez.fao.org/Main.html#*).

FAO (2017a), *Morocco: GIEWS Country Brief*, Organización de las Naciones Unidas para la Alimentación y la Agricultura (FAO), Publicaciones de la FAO, Roma (disponible en: *http://www.fao.org/giews/countrybrief/country.jsp?code=MAR&lang=es*).

FAO (2017b), *Middle East and North Africa Regional Overview of Food Security and Nutrition, Building Resilience for Food Security and Nutrition in Times of Conflict and Crisis*, Organización de las Naciones Unidas para la Alimentación y la Agricultura (FAO), Publicaciones de la FAO, El Cairo (disponible en: *http://www.fao.org/3/I8336EN/i8336en.pdf*).

FAO (2017c), "Regional Review on Status and Trends in Aquaculture Development in the Near East and North Africa – 2015", *FAO Fisheries and Aquaculture Circular*, núm. 1135/6, Organización de las Naciones Unidas para la Alimentación y la Agricultura (FAO), Publicaciones de la FAO, Roma.

FAO (2017d), "Fisheries and Aquaculture: Implementation of the Blue Growth Initiative in the Near East and North Africa", doc. 16/5, Thirty-third Session of the FAO Regional Conference for the Near East, Organización de las Naciones Unidas para la Alimentación y la Agricultura (FAO), 2016.

FAO (2017e), *El estado de la seguridad alimentaria y la nutrición en el mundo 2017*, Organización de las Naciones Unidas para la Alimentación y la Agricultura (FAO), Publicaciones de la FAO, Roma.

FAO (2015a), "Food Security and Sustainable Agriculture in the Arab Region", Regional Coordination Mechanism (RCM) Issues Brief for the Arab Sustainable Development Report, Organización de las Naciones Unidas para la Alimentación y la Agricultura (FAO), Publicaciones de la FAO, Roma.

FAO y BERD (2015b), "Focusing on Comparative Advantage", en *The Agrifood Sector in the Southern and Eastern Mediterranean: A Collection of Notes on Key Trends*, Organización de las Naciones Unidas para la Alimentación y la Agricultura (FAO), Publicaciones de la FAO, Roma, y Banco Europeo de Reconstrucción y Desarrollo (BERD) (disponible en: *http://www.medagri.org/docs/group/19/Agribusiness%20Notes_web.pdf*).

FAO y BERD (2015), *Egypt Wheat Sector Review*, Organización de las Naciones Unidas para la Alimentación y la Agricultura (FAO), Publicaciones de la FAO, Roma, y Banco Europeo de Reconstrucción y Desarrollo (BERD) (disponible en: *http://www.fao.org/3/a-i4898e.pdf*).

Fuglie, K. y N. Rada (2013), "Growth in Global Agricultural Productivity: An Update", *Amber Waves*, 18 de noviembre (disponible en: *https://www.ers.usda.gov/amber-waves/2013/november/growth-in-global-agricultural-productivity-an-update/*).

Hulton, C. (2000), "Total Factor Productivity: A Short Biography", *NBER Working Paper*, núm. 7471 (disponible en: *http://www.nber.org/papers/w7471.pdf*).

Jones, A., *et al.* (eds.) (2013), *Soil Atlas of Africa*, Publicaciones de la Comisión Europea, Luxemburgo (disponible en: *https://esdac.jrc.ec.europa.eu/content/soil-map-soil-atlas-africa*).

Jouili, M. (2009), "Tunisian agriculture: Are small farms doomed to disappear?", ponencia presentada en el 111 EAAE-IAAE Seminar 'Small Farms: decline or persistence', Universidad de Kent, Canterbury, 26-27 de junio (disponible en: *https://hal.archives-ouvertes.fr/hal-01180353/document*).

Lowder, S., J. Skoet y T. Raney (2016), "The Number, Size, and Distribution of Farms, Smallholder Farms, and Family Farms Worldwide", *World Development*, vol. 87 (disponible en: *https://www.sciencedirect.com/science/article/pii/S0305750X15002703*).

Mekonnen, M. y A. Hoekstra (2010a), *The Green, Blue and Grey Water Footprint of Crops and Derived Crop Products, Vol. 2: Appendices*, Value of Water Research Report Series núm. 47, UNESCO-IHE Institute for Water Education, Delft, Países Bajos (disponible en: *https://ris.utwente.nl/ws/portalfiles/portal/6453584*).

Mekonnen, M. y A. Hoekstra (2010b), *The Green, Blue and Grey Water Footprint of Farm Animals and Animal Products, Vol. I: Main Report*, Value of Water Research Report Series núm. 48, UNESCO-IHE Institute for Water Education, Delft, Países Bajos (disponible en: *https://ris.utwente.nl/ws/portalfiles/portal/6453582*).

Molden, D., *et al.* (2010), "Improving Agricultural Water Productivity: Between Optimism and Caution", *Agricultural Water Management*, vol. 97 (disponible en: *http://www.icarda.org/wli/pdfs/articles/4-ImprovingAgriculturalWaterProductivity.pdf*).

Nuno Santos, N. e I. Ceccacci (2015), *Egypt, Jordan, Morocco and Tunisia: Key Trends in the Agrifood Sector*, Publicaciones de la FAO, Roma (disponible en: *http://www.fao.org/3/a-i4897e.pdf*).

PNUD (2006), *UN Human Development Report 2006: Beyond scarcity: Power, Poverty and the Global Water Crisis*, Programa de las Naciones Unidas para el Desarrollo (PNUD), Nueva York (disponible en: *http://hdr.undp.org/sites/default/files/reports/267/hdr06-complete.pdf*).

Rae, J. (s.f.), *An Overview of Land Tenure in the Middle East Region*, Publicaciones de la FAO, Roma (disponible en: *http://www.fao.org/3/a-aq202e.pdf*).

Reuters (2017), "Morocco Introduces Measures to Support Wheat Output", 9 de mayo (disponible en: *https://www.agriculture.com/markets/newswire/morocco-introduces-measures-to-support-local-wheat-output-statement*).

Rucksthuhl, S. y C. Ward (2017), *Water Scarcity, Climate Change and Conflict in the Middle East: Securing Livelihoods, Building Peace*, I.B. Tauris and Company, Londres

Sdralevich C. *et al.* (2014), *Subsidy Reform in the Middle East and North Africa - Recent Progress and Challenges Ahead*, Fondo Monetario Internacional, Washington, D.C. (disponible en: *https://www.imf.org/external/pubs/ft/dp/2014/1403mcd.pdf*).

UN Statistics Division (UNSD) (2018), UN National Accounts Main Aggregates Database (disponible en: *https://unstats.un.org/unsd/snaama/Introduction.asp*).

UNCTAD (2018), UNCTAD Stat (disponible en: *http://unctadstat.unctad.org/wds/ReportFolders/reportFolders.aspx?sCS_ChosenLang=en*).

USDA (2017a), "A Strong but Fatigued 2017 Campaign", *Global Agricultural Information Network (GAIN) Report: Tunisia Grain and Feed Annual*, Departamento de Agricultura de los Estados Unidos (USDA), 4 de noviembre (disponible en: *https://gain.fas.usda.gov/Recent%20GAIN%20Publications/Grain%20and%20Feed%20Annual_Tunis_Tunisia_4-11-2017.pdf*).

USDA (2017b), "Iraqi Wheat Production Down; Weather, Procurement Drop, and Conflict to Blame", *Global Agricultural Information Network (GAIN) Report: Iraq Grain and Feed Annual*, Departamento de Agricultura de los Estados Unidos (USDA), 10 de octubre (disponible en: *https://gain.fas.usda.gov/Recent%20GAIN%20Publications/Grain%20and%20Feed%20Annual_Baghdad_Iraq_10-10-2017.pdf*).

Verner, D. y C. Breisinger (2013), *Economics of Climate Change in the Arab World: Case Studies from the Syrian Arab Republic, Tunisia and the Republic of Yemen*, Banco Mundial, Washington, D.C. (disponible en: *https://openknowledge.worldbank.org/bitstream/handle/10986/13124/763680PUB0EPI0001300PUBDATE03021013.pdf?sequence=1&isAllowed=y*).

ÉDITIONS OCDE, 2, rue André-Pascal, 75775 PARÍS CEDEX 16
(51 2018 04 4 P) ISBN 978-92-64-30736-0 – 2018

www.ingramcontent.com/pod-product-compliance
Lightning Source LLC
LaVergne TN
LVHW081411110826
845149LV00010B/1699

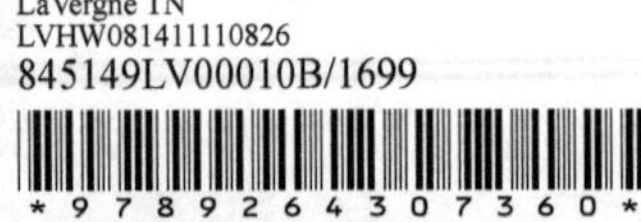

* 9 7 8 9 2 6 4 3 0 7 3 6 0 *